Texte
PIETRO TARALLO

Redaktionelle Leitung
VALERIA MANFERTO DE FABIANIS

Redaktionelle Bearbeitung
FEDERICA ROMAGNOLI

Grafische Gestaltung
MARIA CUCCHI

2-3 Ein endloses Lichtermeer erhellt die Nacht über Lourdes: In tiefer Andacht und mit grosser Hingabe begleiten die Pilger die Prozession mit Fackeln in der Hand.

5 Das Turiner Grabtuch, das den Leichnam Jesu nach der Abnahme vom Kreuz einhüllte, zieht Millionen von Pilgern an. Ein Glaubensmysterium, das sich jeder wissenschaftlichen Erklärung entzieht, dessen Anblick aber direkt in das Herz der Gläubigen dringt.

7 In Lalibela hat dieser tief in die Lektüre der Bibel versunkene junge orthodoxe Diakon Zuflucht in einer Felsspalte gefunden, die ihn vor der heissen Sonne schützt. Ein friedlicher und besinnlicher Ort.

10-11 Jerusalem ist ein aussergewöhnlicher Kreuzungspunkt der verschiedenen Glaubensrichtungen. Sogar innerhalb der christlichen Kirche werden die Gottesdienste unterschiedlich zelebriert, entsprechend den katholischen, orthodoxen und armenisch-apostolischen Ritualen.

EINFÜHRUNG

In allen Ländern, in denen die verschiedenen christlichen Kirchen – die katholische, die orthodoxe, die koptische, die protestantische und die armenisch-apostolische – verwurzelt sind, ist heute ein tiefes und diffuses Wiedererstarken von Spiritualität zu verspüren, die nicht mehr so sehr ein Merkmal der Volksfrömmigkeit ist, sondern immer größere Bereiche der Gesellschaft umfasst. Jene Wege, die die Pilger vor 2.000 Jahren beschritten, als die Worte von Christus erstmals zu hören waren und von Palästina aus in die übrige Welt ausstrahlten, tauchen aus den verborgenen Winkeln der Geschichte wieder auf, verbreiten Faszination, geben Kulturen und Erkenntnissen einen neuen Kontext. Die unzähligen Pfade, die Pilger des dritten Jahrtausends mit wachsender Begeisterung und Leidenschaft beschreiten, ziehen sich quer durch die Welt, erreichen entfernteste Gegenden und Länder. Auf der Suche nach dem Heiligen und Göttlichen, angetrieben durch den Wunsch, sich selbst wiederzufinden in jenem ewigen Bemühen spiritueller Weiterentwicklung, das seit jeher die Menschheit beschäftigt, dringen die neuen Pilger an unzugänglichste Orte vor. Ihre Reisen führen zu den heiligsten Stätten der Christenheit, von Europa zum Nahen Osten und nach Afrika, von Indien bis zum amerikanischen Kontinent: Orte des Glaubens, die einen Markstein auf dem Weg der Menschheit durch die Jahrhunderte darstellen, und deren eigentliche Bedeutung in der intensiven und tiefen Religiosität liegt, die sie zum Ausdruck bringen.

Die Verehrung heiliger Stätten ist eine der ältesten Ausdrucksformen der christlichen Volksfrömmigkeit, die seit jeher versuchte, jene Orte zu ehren, die als Ausdruck und Offenbarung des Göttlichen wahrgenommen werden; Orte, die von einem mystischen Schleier umgeben sind, wo die spirituelle Welt auf die irdische trifft, und an denen der Mensch mit einer höheren Dimension in Berührung kommt. Orte, die auch heute noch spirituell bedeutsam sind für die Millionen von Gläubigen, die dorthin pilgern, um die Gnade Gottes zu erlangen.

An diesen sakralen Orten spürt man am besten den tiefen Mystizismus der göttlichen Botschaft. Sie zu bereisen und wiederzuentdecken ist eine ergreifende und faszinierende Erfahrung. Es ist ein spirituelles Abenteuer, bei dem sich der Geist durch Zeit und Raum bewegt, zwischen Mythos und Legende, Geschichte und Überlieferung, zwischen Natur und Kunst, auf der Entdeckung einer spirituellen Dimension, die Ausdruck eines gemeinschaftlichen Glaubens über dem individuellen hinaus ist, der in jenen Kulturen und Völkern tief verwurzelt ist, die sich im Christentum wiedererkennen.

Orte wie Assisi, Loreto, Betlehem, Tschenstochau, Lourdes, Fátima, Santiago de Compostela, Lalibela, der Berg Athos und die Klöster von Metéora, die auch heute eine riesige Zahl von Pilgern und Gläubigen anziehen, sind auf dieser Reise der Seele grundlegende Bezugspunkte. Mit der besonderen Gabe, in jedem Christen den Glauben neu zu entfachen, ermöglichen sie es, die eigenen Wurzeln wiederzuentdecken und eine tiefgehende spirituelle Erfahrung zu machen, indem man sich der Komplexität und Tiefe des Glaubens annähert. Auch Nicht-Gläubige können sie intensiv erleben, indem sie die sakrale Besonderheit der Orte erkennen, die vorhandenen Kunst- und Kulturschätze würdigen und erkunden, von den beeindruckendsten Ausdrucksformen religiöser Kunst bis zu den erhabensten architektonischen Meisterwerken.

In den dort zelebrierten, stimmungsvollen Zeremonien – durchgeführt nach den Traditionen, deren Bewahrer sie sind, umgeben von der spürbaren mystischen Stimmung – bietet sich den Gläubigen die Möglichkeit, religiöse Spiritualität auf ursprünglichste Weise zu leben, indem sie dem Guten dienen, der Gerechtigkeit, der Suche nach dem Wahren und Schönen. Natürlich kann diese spirituelle Spannung in unterschiedlicher Form zum Ausdruck kommen, auch je nach Konfession. Der Marienkult zum Beispiel war und ist das Bindeglied der christlichen Spiritualität vor allem in der katholischen, orthodoxen, koptischen und armenisch-apostolischen Welt. Die Muttergottes ist die Mittlerin zwischen den Menschen und ihrem göttlichen Sohn. Als liebevolle und fürsorgliche Mutter stellt sie seit jeher das Medium dar, durch das sich die Gläubigen an Gott wenden, um bei ihm um Vergebung der Sünden und ewiges Heil, um Gnade oder ein Wunder zur Linderung ihrer Nöte und Leiden zu bitten. Nicht zufällig wurden auch in den entferntesten Ländern Wallfahrtsstätten und Kirchen in ihrem Namen errichtet, wo sie verehrt wird und wohin sich noch heute Millionen von Pilgern begeben.

Im Laufe der Jahrhunderte gab es unzählige Marienerscheinungen. Die Muttergottes offenbarte sich immer den Bescheidenen, quasi um zu bezeugen, dass jene die reinste Seele haben und Gott am nächsten sind. Die Einzigartigkeit der spirituellen Botschaft Jesu lag genau darin, nämlich im ethischen Wert seiner zutiefst radikalen und innovativen Worte, wie jene: „Nicht jeder, der zu mir sagt: Herr! Herr!, wird in das Himmelreich kommen, sondern nur, wer den Willen meines Vaters im Himmel erfüllt." (Matthäus 7,21)

Die christliche Liturgie sieht für die Muttergottes viel Raum vor, ein Beispiel ist das Rosenkranzgebet, ebenso der Kirchenkalender, in dem es zahlreiche Tage gibt, an denen ihrer mit Prozessionen, heiligen Messen und Gebeten gedacht wird. Die Figur der Maria ist in allen christlichen Konfessionen präsent, im katholischen Glauben aber hat sie einen besonderen Platz. Nicht zufällig überwiegen bei den für die Katholiken wichtigsten Wallfahrtsstätten die mit dem Marienkult verbundenen Heiligtümer und Kultstätten.

„Alle Fremden, die kommen, sollen aufgenommen werden wie Christus" – so steht es in den Regeln des heiligen Benedikt und so war es jahrhundertelang. Pilger und Wanderer haben auf der ganzen Welt niemals vergebens an die Türen von Abteien und Klöstern geklopft, jenen lebendigen Zentren des Mönchstums, Ausdruck christlicher Religiosität über die Jahrhunderte hinweg.

Das Mönchtum kommt von weit her, aus Ägypten und Palästina, den Stätten der ersten großen Mönchssiedlungen und geistige Heimat herausragender Persönlichkeiten von Asketen und Meistern des spirituellen Lebens. Durch die monastische Bewegung sollte jene Hingabe christlichen Lebens aufgegriffen werden, die sich nach 313 durch die nachlassenden religiösen Spannungen infolge der unter Konstantin I. errichten Mailänder Vereinbarung entwickeln konnte und die sich nach und nach an allen Orten der Christenheit ausbreitete.

Über die einzelnen Epochen hinweg hat das Mönchstum auf unterschiedlichste Weise immer wieder religiöse Lebensformen hervorgebracht, mal in Vereinigung (Zönobium), mal in Einsamkeit (Eremitentum), die es mit ganz eigenen Merkmalen geprägt haben und denen unzählige Hinterlassenschaften in unterschiedlichsten Lebensbereichen zu verdanken sind. Spuren in Ortsnamen und Heiligenkulte, ländliche oder städtische Siedlungen, Überreste künstlerischer oder spiritueller Natur sind Ausdrucksformen, die sich dem heutigen Pilger zeigen, der sich an Orte begibt, an denen noch Spuren früherer monastischer Lebensformen vorhanden sind, oft umgeben von Legende und Mythos.

Das Mönchswesen ist eng mit dem entsprechenden Gebiet verknüpft, hat dessen soziales und wirtschaftliches, religiöses und weltliches Gesicht geprägt, die allgemeine und kulturelle Entwicklung begleitet und unterstützt. Der Grundsatz der *stabilitas* der Mönche (lebenslange Bindung an ein bestimmtes Zönobium), die Beständigkeit des Klosterlebens, die Fähigkeit der Benediktsregel, Zentren zu bilden, denen sich größere Teile des verstreuten Volks anschlossen, sind dabei wichtige Faktoren gewesen. Tatsächlich betrachten die Mönche ihre Art zu leben als eine stellvertretende Fortführung des Martyriums selbst, je weiter sich ein solches Ideal in der Zeit und in Bezug auf ihre Lebensumstände von ihnen entfernte.

Leider wurden häufig sowohl Maria als auch die Heiligen von den verschiedenen Kirchen und der politischen Obrigkeit als religiöse Symbole instrumentalisiert, um sich dem Vormarsch anderer Glaubensrichtungen und Häresien, militärischer Kräfte und einfallender Völker entgegenzustellen oder um soziale Spannungen und Volksaufstände gegen die geltende Herrschaft zu besänftigen. Die Volksfrömmigkeit allerdings ging immer über diese missbräuchliche und machiavellistische, zuweilen skrupellose Interpretation hinaus und stellte stattdessen das transzendente Geheimnis der mit den Figuren der Muttergottes und der Heiligen verbundenen Wunder in den Mittelpunkt des Glaubens. Eine aufrichtige und leidenschaftliche Gläubigkeit, die inzwischen selbstverständlich zur Geschichte der Christenheit dazugehört.

DIE GNADENKAPELLE VON ALTÖTTING

Votivbilder in ihrer schönsten Form im Herzen Bayerns

Der auch das bayrische Lourdes genannte Marienwallfahrtsort von Altötting ist, zusammen mit Lourdes, Fátima, Tschenstochau und Loreto, eine der fünf berühmtesten Wallfahrtsstätten Europas. Das im Südosten Bayerns 90 Kilometer östlich von München und wenige Kilometer von Marktl am Inn, der Geburtsstadt von Papst Benedikt XVI., gelegene Städtchen lebt ganz im Zeichen der schwarzen Muttergottes. Ihre mit Edelsteinen verzierte Statue wird in der hübschen Gnadenkapelle aufbewahrt, die mitten auf dem von Barockhäusern umgebenen Kapellplatz steht. Die im Jahr 1330 von einem vermutlich oberrheinischen Künstler angefertigte Muttergottesfigur ist aus Lindenholz geschnitzt und wird „schwarze Muttergottes" genannt, weil sich das Holz im Laufe der Zeit durch den Kerzenrauch schwarz gefärbt hat.

Das etwa im Jahr 700 entstandene Kernstück des Bauwerks, das Oktogon, ein Zentralbau mit achteckigem Grundriss, war ursprünglich eine frühchristliche Taufkapelle, in der der Legende nach das Taufbecken stand, in dem Bischof Rupertus von Salzburg den ersten bayrischen Herzog katholischen Glaubens getauft haben soll. 1330 gelangte die Statue einer Muttergottes mit dem Kinde hierher und wurde in dieser Kapelle aufgestellt. Seit 1489 gab es zwei Marienerscheinungen, auf die jeweils nach kurzer Zeit eine Wunderheilung folgte. Die Kapelle erhielt infolge dieser außergewöhnlichen Ereignisse den Beinamen „Herz Bayerns" und wurde Ziel zahlloser Wallfahrten. Eine Million Pilger besuchen sie alljährlich, viele von ihnen kommen zu Fuß, teilweise von weit her. Zu den berühmtesten Besuchern gehören Papst Johannes Paul II. (sein Abbild wurde an der Fassade der St.-Magdalena-Kirche angebracht) sowie Papst Benedikt XVI.

Typisch für diese Wallfahrtskirche sind die mehr als 2.000 Votivbilder im Inneren der Kapelle und außen, im Umgang. Auch Krücken sind an den Außenwänden zu sehen, zurückgelassen von denen, die geheilt wurden. Eine weitere Besonderheit sind die hier aufbewahrten Herzen zahlreicher Mitglieder des Hauses Wittelsbach, darunter alle Kurfürsten und Könige Bayerns, also auch das Herz von König Ludwig II., der 1886 verstarb. Nachdem der Kapuzinermönch Konrad von Parzham (Johann Birndorfer), der jahrzehntelang als Pförtner des Klosters von Altötting gedient hatte, 1930 selig- und 1934 heiliggesprochen wurde, wurde auch sein Grab in der Kirche des Kapuzinerklosters Ziel von Pilgern. Sehr interessant ist auch die Stiftskirche (1499) mit ihrer Schatzkammer.

Die Marienverehrung findet ihren Höhepunkt während der von Palmsonntag bis Ostermontag stattfindenden Feierlichkeiten, zu denen Gottesdienste und sakrale Konzerte gehören. Weitere liturgische Feste finden an Pfingsten und Fronleichnam im Marienmonat Mai statt; am 15. August wird Mariä Himmelfahrt mit einem durch die Stadt ziehenden Fackelzug gefeiert.

12-13 Im bayrischen Altötting befindet sich eines der wichtigsten Marienheiligtümer Europas. Viele der Pilger kommen mit schweren Holzkreuzen beladen zur Gnadenkapelle.

14 Nachdem Papst Benedikt XVI. auf seiner Pilgerreise auf dem grossen Platz vor der Gnadenkapelle die heilige Messe gefeiert hat, zog er sich zum Gebet zurück.

15 Die einfach gestalteten, aber ausdrucksstarken Votivbilder zeugen von einer mit dem Glauben und dem jahrhundertalten Kult der schwarzen Madonna verbundenen Kreativität. Die dargestellten Wundertaten sind unterschiedlichster Natur.

PILGERREISE
ZUM CROAGH PATRICK

Mystische Askese im Namen von Saint Patrick, Irlands Nationalheiligem

Im Nordwesten Irlands, etwa 250 Kilometer von Dublin entfernt, erhebt sich etwa acht Kilometer von Westport in der Grafschaft Mayo der heilige Berg Croagh Patrick (762 Meter). Diesen schon in der Antike heiligen Ort betrachteten die Kelten vor dem Einzug des Christentums in Irland als Stätte der Gottheit Crom Dubh. Um den Göttern für eine gute Ernte zu danken, fand hier am 1. August das Erntefest *Lughnasad* (gälisch für den Monat August) statt, auch Kornfest genannt. Zum Ritual gehörte, dass die Frauen in der Nacht des 31. Juli auf dem Gipfel des Berges schliefen, nachdem sie zuvor um ein Lagerfeuer getanzt und die Götter um Fruchtbarkeit gebeten hatten.

Christlicher Überlieferung zufolge soll Patrick von Irland (387-461) im Jahr 441 auf den Gipfel des heiligen Berges gestiegen sein, wo er 40 Tage lang ohne Nahrung und Wasser im Gebet und in Meditation verharrte. Danach soll er vom Gipfel eine Glocke in Richtung der heutigen Bucht Clew Bay geworfen haben, wodurch er alle Schlangen und Dämonen aus Irland vertrieb, die sich daraufhin in jene Inseln verwandelt haben sollen, von denen die Bucht übersät ist.

Im Zusammenhang mit dieser Legende steht auch *Saint Patrick's Chair*, ein Stein in Form eines Stuhls auf dem Weg zum Gipfel, der neben weiteren interessanten Spuren aus neolithischer Zeit und einem keltischen Ringwall am Fuße des Berges zu den Besucherattraktionen zählt. Kürzlich wurden auf dem Gipfel Spuren einer zwischen 430 und 890 gebauten christlichen Kapelle entdeckt.

Über die Jahrhunderte hat sich der Ort zu einem bedeutenden katholischen Wallfahrtsort entwickelt. Jedes Jahr zieht die Mystik des Berges mehr als eine Million Pilger an, die nach einem zwei- bis dreistündigen Aufstieg der Gipfel erreichen, um dort an den Stationen des Kreuzwegs zu beten und die heilige Messe in der kleinen Kapelle zu feiern. Es ist ein Aufstieg der Buße und Sühne,

der auf manchen Abschnitten oft barfuß oder auf Knien beschritten wird. Über 30.000 Pilger besteigen am letzten Freitag im Juli den Berg am *Garland Friday*, am letzten Sonntag im Juli am *Reek Sunday* und am 15. August an Mariä Himmelfahrt.

Die Wallfahrt beginnt im Dorf Murrisk, wo im Jahr 1457 eine Augustinerabtei gegründet wurde, von der heute nur noch einige stimmungsvolle Ruinen erhalten sind. Gleich darauf stößt man auf das *National Famine Monument*, das an die Große Hungersnot in den Jahren 1845-49 erinnert, bei der Tausende starben. Gleich zu Beginn des Pilgerweges begegnet man der Statue von Saint Patrick, die 1928 von Pater Patrick Patterson, dem Pastor von Westport, aufgestellt wurde.

Drei Wallfahrtsstationen liegen auf dem Pilgerweg, an denen jeweils Schilder Anweisungen geben, damit die Rituale und Gebete korrekt in genau der im Laufe der Zeit festgeschriebener Abfolge ausgeführt werden können. An der ersten dieser drei Stationen (*Leacht Benain*, benannt nach Saint Benignus von Armagh, Saint Patricks Jünger) am Fuß des Berges muss der Pilger siebenmal den dortigen Steinhaufen umrunden und siebenmal das Vaterunser und das Ave-Maria sowie einmal das Glaubensbekenntnis sprechen. Die zweite Station befindet sich auf dem Gipfel, hier müssen die Pilger niederknien und die Gebetsabfolge wiederholen. Dann müssen sie, immer noch auf Knien, an der auf dieser großen Höhe errichteten Kapelle für den Heiligen Vater beten und schließlich fünfzehnmal das Gebäude umrunden und dabei fünfzehn Vaterunser und Ave-Marias beten. Die siebenmalige Wiederholung der Gebete findet am *Leaba Phádraig* (dem Bett Saint Patricks) statt sowie bei der dritten und letzten Station *Roilig Mhuire* (Friedhof der Jungfrauen), wo die Gläubigen erst siebenmal jeden der dortigen Steinhaufen umrunden und dann siebenmal die gesamte Stätte von *Roilig Mhuire*, womit schließlich dieser anstrengende Pilgerweg endet.

17 DIE PILGER LEGEN AM *LEABA PHÁDRAIG* (DEM BETT SAINT PATRICKS) EINEN HALT EIN UND BETEN, SO WIE ES DIE TRADITION VORSCHREIBT, SIEBEN VATERUNSER, SIEBEN AVE-MARIA UND EIN GLAUBENSBEKENNTNIS.

18 DIE PILGER MÜHEN SICH MIT DER HILFE VON STÖCKEN ÜBER DAS GERÖLL, DAS BILD UND DIE GEBETE
VON SAINT PATRICK IM HERZEN UND IM GEIST. EINE HERAUSFORDERUNG AN SICH SELBST UND EIN SÜHNEOPFER
ZU EHREN DES HEILIGEN.

19 EIN LANGER, STEINIGER WEG FÜHRT VOM DORF MURRISK BIS ZUM GIPFEL DES CROAGH PATRICK.
ES IST EIN MÜHSELIGER WEG FÜR DIE PILGER, OFT SETZEN IHNEN WIND UND TIEFLIEGENDE WOLKEN ZU.

20-21 Es dauert etwa drei Stunden, um den Gipfel des heiligen Berges zu erreichen. Der Aufstieg ist mühsam, vor allem bei schlechten Wetterbedingungen, aber gegenseitig gestützt und betend geht es trotzdem immer weiter nach oben.

DIE BASILIKA
DER THÉRÈSE VON LISIEUX

Der Rosenduft der mystischen Jesusanbeterin

Lisieux, Hauptort der Region Pays d'Auge im Departement Calvados und einer der reizvollsten Orte der Normandie, ist nach Lourdes der zweitwichtigste Wallfahrtsort Frankreichs. Alljährlich unternehmen etwa 700.000 Besucher eine Wallfahrt zu der Basilika, die zu Ehren der heiligen Thérèse (1873-97) errichtet wurde, die hier einen Großteil ihres kurzen Lebens verbrachte und schon bei ihrem Tod den Ruf einer Heiligen genoss. Bereits zu Lebzeiten nämlich hatte die berühmte Ordensfrau der Stadt durch ihre Lebensweise und ihre Taten besonderen Glanz verliehen.

Thérèse, die im nahegelegenen Alençon geboren wurde, verlor im Alter von vier Jahren ihre Mutter, ein Verlust, der sie zutiefst prägte. Später zog sie mit ihrer Familie nach Lisieux, wo sie die Schule der Benediktinerinnen besuchte. Im Alter von zehn Jahren erkrankte sie schwer, sämtliche Behandlungen blieben unwirksam. Am 13. Mai 1883 aber geschah ein Wunder, als eine Statue der Muttergottes Thérèse anlächelte und sie gesund wurde. Am 8. Mai des darauffolgenden Jahres ging sie zur ersten heiligen Kommunion, ein Ereignis, das für sie den Liebesbund mit Jesus darstellte.

Im Alter von 14 Jahren beschloss sie nach dem Vorbild der Teresa von Ávila Nonne zu werden und den Spuren Jesu zu folgen. Nach zahlreichen Versuchen und Bitten erhielt sie 1885 endlich die Erlaubnis, in das Karmeliterkloster von Lisieux einzutreten. Im Jahr 1925 wurde sie heiliggesprochen als Thérèse von Lisieux, auch bekannt als heilige Thérèse vom Kinde Jesu und dem heiligen Antlitz. 1927 wurde sie zur Patronin aller Missionen erklärt, 1944 neben Johanna von Orléans zur zweiten Schutzpatronin Frankreichs. 1997 erklärte Johannes Paul II. sie zur Kirchenlehrerin; nach Katharina von Siena und Teresa von Ávila war sie die Dritte, der diese Auszeichnung zuteil wurde. Thérèse praktizierte insbesondere Demut, evangelische Armut und Liebe zu Gott, Tugenden, die sie durch Wort und Vorbild besonders die Novizinnen lehrte und die sie in zahlreichen Schriften behandelte. Ihre Figur war nicht nur unter Theologen Gegenstand eingehender Debatten, sondern auch im

gesellschaftspolitischen Bereich. Einige Wissenschaftler sehen in ihr so etwas wie eine Vorläuferin der Frauenbewegung des 20. Jahrhunderts, vielleicht weil sie mehrfach geäußert hatte, das Priesteramt anzustreben. In der Reliquienkapelle des 1838 gegründeten Karmels befinden sich der Schrein mit ihrem Leichnam sowie Gegenstände aus ihrem Lebensalltag. Ein Diorama rekonstruiert mit einer Reihe von Wachsfiguren ihre wichtigsten Lebensetappen.

Die im Jahr 1954 eingeweihte Basilika ist die größte im 20. Jahrhundert in Frankreich gebaute Kirche, bis zu 3.000 Pilger finden hier Platz. Sie ist verziert mit wundervollen Mosaiken und geschmückt mit Fenstern, die den außergewöhnlichen Glaubensweg der heiligen Thérèse aufzeigen und die Botschaft vermitteln, die sie den Gläubigen hinterlassen hat. Das durch die Fenster erzeugte Licht- und Farbspiel sorgt im Innenraum der Kirche für eine Atmosphäre der Besinnung und Meditation. Im Untergeschoss wird in der dreischiffigen Krypta die Reise durch das Leben der heiligen Thérèse weitergeführt; Mosaike zeigen ihre wichtigsten Lebensstationen. In der Krypta befindet sich auch die Grabstätte der beiden Heiligen Ludwig und Zélie Martin, ihrer Eltern. Die 55 Glocken der Basilika erklingen je nach Anlass in verschiedenen Melodien.

Ein weiterer bedeutender Ort im Leben der Heiligen ist *Les Buissonnets*, jenes Haus außerhalb von Lisieux, wo sie im Alter von 4 bis 15 Jahren lebte. Es zeigt, wie die junge Thérèse aufwuchs. Dargestellt wird hier einer der wichtigsten Augenblicke ihres Lebens, nämlich als sie ihren Vater um Erlaubnis bat, in das Kloster einzutreten. Die auch durch den religiösen Eifer der Teilnehmer ergreifendsten Feiertage in Lisieux sind das Fest der lächelnden Muttergottes (15. August), an dem eine Prozession durch die Straßen der kleinen Stadt zieht, und die Gedenktage der Thérèse, die am letzten Wochenende im September und in der darauffolgenden Woche stattfinden und denen das Triduum zu Ehren der Heiligen (vom 28.–30. September) vorausgeht mit feierlicher Messe und Prozessionen, bei denen die Reliquien aus der Kirche getragen werden.

23 Der Geist der heiligen Thérèse, die Zeit ihres kurzen Lebens in Lisieux lebte, ist bei den Zeremonien und Ritualen in der nach ihr benannten Basilika, einem Ort tiefer Spiritualität, präsent.

24 DER SCHREIN MIT DER STERBLICHEN HÜLLE DER HEILIGEN WIRD BEI DEN
ZU VERSCHIEDENEN ANLÄSSEN IM LAUFE DES JAHRES STATTFINDENDEN PROZESSIONEN
DURCH DIE STADT GETRAGEN.

24-25 EINE HEILIGE MESSE IN DER BASILIKA DER HEILIGEN THÉRÈSE MITZUERLEBEN
IST IMMER WIEDER EINE INTENSIVE SPIRITUELLE ERFAHRUNG.
IN DER VON ROSENDUFT – DER LIEBLINGSBLÜTE DER HEILIGEN – UND WEIHRAUCH
ERFÜLLTEN LUFT ERHEBEN SICH DIE GEBETE UND DIE GESÄNGE
DER GLÄUBIGEN UND DER ZELEBRIERENDEN PRIESTER.

26-27 In den Strassen rings um die Basilika
finden häufig Prozessionen
statt, insbesondere während der
Fêtes Thérèsiennes, der Gedenktage
der heiligen Thérèse, bei denen die
Reliquien der Heiligen aus der Kirche
herausgetragen werden.

DIE ABTEI VON MONT-SAINT-MICHEL

Die Insel des Erzengels

Es heißt der konisch geformte Granitberg im Südwesten der Normandie, auf dem sich in einer Höhe von 80 Metern die Abtei von Mont-Saint-Michel erhebt, sei von einem Wald bedeckt gewesen, bevor das Meer ihn umschloss und in eine Insel verwandelte, die mit dem Festland durch einen befahrbaren Weg verbunden ist, der bei starker Sturmflut unpassierbar ist. Als bedeutendes militärisches Bollwerk ist Mont-Saint-Michel von mächtigen Mauern und Bastionen umgeben, die durch einen Rundweg aus dem 8. bis 9. Jahrhundert miteinander verbunden sind. Der Legende nach erschien dem Bischof Aubert von Avranches wiederholt der Erzengel Michael, der ihn aufforderte, auf dieser Felseninsel eine Kirche zu errichten. Im Jahr 708 begann der Bau einer Kapelle, die im Laufe der Zeit durch zahlreiche religiöse Gebäude erweitert und im Mittelalter zu einem bedeutenden geistlichen Zentrum wurde.

Das heutige Kloster, mit dessen Errichtung im Jahr 966 begonnen wurde, gehört seit 1979 zum Weltkulturerbe der UNESCO. Ein Museum erzählt seine abenteuerliche, teils religiöse, teils nicht-religiöse Geschichte durch die Jahrhunderte.

Die Klosterfestung besteht aus zahlreichen Klostergebäuden, Terrassen, Gärten und Festungen, die rings um die Abteikirche angeordnet sind, Elemente der Romanik verschmelzen mit denen der Gotik und des spätgotischen Flamboyant. Mit dem Bau der von Wilhelm von Dijon entworfenen Kirche wurde im Jahr 1022 begonnen, fertiggestellt wurde sie 1135, und Anfang des 13. Jahrhunderts wurde sie nach einem Brand zum Großteil wiederaufgebaut. Die oberhalb mehrerer Krypten stehende Kirche wird überragt von einem hohen Glockenturm, dessen Spitze eine goldene Statue des Erzengel Michael krönt. Dem romanischen Mittelschiff mit Empore steht der Chor im spätgotischen Stil entgegen. An der Nordseite befinden sich die gotischen Teile des Gebäudeensembles *La Merveille* (1203): Dazu gehören die Wohnbereiche und die Laboratorien der Mönche, das scheinbar zwischen Meer und Himmel schwebende Kloster (1228) mit den von eleganten Säulen aus *Pierre de Caen*, einem hellen Kalkstein, getragenen Bögen sowie das große Refektorium (1217). Nachdem Mont-Saint-Michel über viele Jahrzehnte seine ursprüngliche Bedeutung als spirituelles Zentrum verloren hatte, ist 1969 eine kleine Gruppe Benediktinermönche zurückgekehrt, die hier täglich Messen abhalten. Die größte Zahl Gläubiger findet sich ein, wenn am 8. Mai und am 29. September dem Erzengel Michael gedacht wird, aber auch anlässlich der Gedenktage des heiligen Benedikts (21. März und 11. Juli.). Am liturgischen Gebet können auch die Pilger teilnehmen.

28-29 Am besten kommt die verführerische Schönheit der Abtei Mont-Saint-Michel bei Sonnenuntergang zur Geltung, wenn der Himmel in Feuerrot erstrahlt, und die Lichter angehen in den Räumen der zahlreichen Gebäude dieses mystischen Ortes, der wie ein im unendlichen Ozean des Geistes schwebendes Schiff wirkt.

30-31 DER INNENRAUM DER ABTEIKIRCHE IST GEGLIEDERT DURCH DIE EUKLIDISCHEN GEOMETRIEN DER MÄCHTIGEN GOTISCHEN UND ROMANISCHEN SÄULEN, DIE DAS SAKRALE DER VON DEN HIER LEBENDEN MÖNCHEN ZELEBRIERTEN ZEREMONIEN BETONEN.

31 DIE GEFLÜSTERTEN GEBETE DER PRIESTER UND GLÄUBIGEN, DIE VEREINT SIND DURCH DAS HEILIGE BAND DES GLAUBENS, BEKRÄFTIGEN DEN PAKT, DEN GOTT MIT DEN MENSCHEN GESCHLOSSEN HAT. NUR REUE, OFFENLEGUNG DER EIGENEN SÜNDEN UND BUSSE FÜHREN ZUM EWIGEN HEIL.

32 Bretonische Frauen in ihrer traditionellen anmutigen Tracht verlassen nach der heiligen Messe die Kirche; jeden Sonntag bekräftigen sie hierdurch ihre Hingabe, die sie von ihren tief mit der Abtei Mont-Saint-Michel verbundenen Vorfahren übernommen haben.

33 Durch die engen und steilen Gassen der Klosterinsel zieht am 29. September zu Ehren des Erzengel Michael eine feierliche Prozession.

WALLFAHRT NACH LOURDES

Mystische Stadt der Hoffnung

Der inmitten der Anhöhen der mittleren Pyrenäen in Südfrankreich gelegene Wallfahrtsort Lourdes erlangte durch die mehrfachen Marienerscheinungen Berühmtheit, die das junge Bauernmädchen Bernadette Soubirous (1844-79) erlebte. Alles begann am 11. Februar 1858, als Bernadette zusammen mit ihrer Schwester und einer Freundin am Fluss Gave de Pau unterwegs war, um Brennholz zu sammeln. Während sie die Schuhe auszog, um den Wasserlauf zu überqueren, hörte sie ein Geräusch und hob den Kopf. Am Eingang einer über ihr liegenden Grotte sah sie eine Frau, die ein weißes Kleid und ein weißes Tuch trug, einen blauen Gürtel und eine goldgelbe Rose auf jedem Fuß. Von dem Tag an bis zum 16. Juli (Gedenktag Unserer Lieben Frau auf dem Berge Karmel) wiederholten sich die Erscheinungen, die als die der Muttergottes anerkannt wurden, insgesamt 18 Mal. So begannen die beeindruckenden Heilungen von Kranken, von denen die von Cathérine Latapie am 1. März 1858 die erste war. Die Kranken tauchten in das heilbringende Quellwasser der Grotte ein, so wie sie das auch heute noch tun. Die Wunderheilungen (fast 70 wurden bis heute anerkannt) machten aus Lourdes mit sechs Millionen Menschen jährlich eine der meistbesuchten Wallfahrtsstätten der Welt. Kranke hoffen, dass ihre Leiden geheilt werden und sie Mut erlangen, im völligen Frieden des Geistes zu leben. Vier Jahre nach den ersten Erscheinungen wurde die Echtheit der Visionen am 18. Januar 1862 von der katholischen Kirche anerkannt. Am 8. Dezember 1933 wurde Bernadette, die sich am 29. Juli 1866 den Barmherzigen Schwestern im Kloster von Nevers angeschlossen hatte, von Papst Pius XI. heiliggesprochen. Die Wallfahrtsstätte besteht aus 22 einzelnen Kultstätten. Die ursprüngliche Wallfahrtskirche, mit deren Bau 1871 oberhalb der Grotte begonnen wurde, war die 1876 eingeweihte Basilika der Unbefleckten Empfängnis. 1901 wurde eine weitere Kirche eingeweiht, die mit der ersten durch Freitreppen und Bögen verbundene Rosenkranzbasilika. Das Herzstück des Komplexes ist die Grotte der Erscheinungen, die Grotte Massabielle („alter Fels"). Sie ist 3,80 Meter hoch, 9,50 Meter tief, 9,85 Meter breit und hat drei Ausgänge: Im größten von ihnen wird die heilige Messe gefeiert. Direkt darüber befindet sich die zwei Meter hohe Nische, in der die Muttergottes Bernadette erschienen sein soll. Hier wurde 1864 eine Statue von Maria errichtet, die sie genau in dem Moment darstellt, als sie zu dem Mädchen sagte: „Ich bin die Unbefleckte Empfängnis."

34-35 Es war die junge Bauerstochter Bernadette Soubirous (1844-79), durch die Lourdes in der ganzen Welt berühmt wurde. Auf seiner Pilgerreise zelebrierte Papst Benedikt XVI. auf dem grossen Platz vor der Rosenkranzbasilika eine heilige Messe.

Im Inneren der Erscheinungsgrotte befindet sich die Quelle, die Bernadette durch die Hinweise der Muttergottes entdeckte. Von hier wird das Wunder vollbringende Wasser zu den Brunnen, Becken und dem Wasserweg geleitet. Hinter dem Alter steht ein Schrein, an dem Gebetsanliegen hinterlegt werden können.

Heute kümmert sich ein Heer aus Freiwilligen und Gläubigen um die Pilger; Kaplane und Priester feiern die heiligen Messen und spenden die Sakramente. Was sich hier im Zeichen des Glaubens entwickelt hat, ist eine extrem gut durchorganisierte Struktur, die eine Bilanz von 18 Millionen Euro im Jahr aufweist. Die einzelnen Zeremonien sind ergreifend, besonders zwei stechen heraus: Seit 1872 wird die Marienprozession durchgeführt, an der von März bis Oktober täglich um 21 Uhr Tausende von Pilgern mit Kerzen in der Hand im Gedenken an ihre Taufe teilnehmen. Die Prozession beginnt bei der Grotte und endet auf dem Vorhof der Rosenkranzbasilika, wo schon ab 20.30 Uhr Rosenkranzgebete stattfinden; um 23 Uhr wird in der Erscheinungsgrotte die letzte Messe des Tages gefeiert.

Von April bis Oktober gibt es täglich um 17 Uhr die eucharistische Prozession, Ausdruck für Christi Gegenwart unter den Menschen. Diese beginnt beim großen Podium vor der Grotte und verläuft zur Basilika Pius X., einem gewaltigen unterirdischen Kirchenbau. Besonders große Besucherströme kommen zum Gedenktag Unserer lieben Frau in Lourdes am 11. Februar, der durch eine Novene vorbereitet wird, die am 3. Februar beginnt.

36-37 In unzähligen Formen zeigen die Gläubigen ihre Hingabe. Besonders berührend sind die Szenen, die sich tagtäglich in der Erscheinungsgrotte abspielen, deren Wände die Gläubigen in einem stummen Gebet an die Muttergottes ehrfürchtig berühren.

38-39 Bei seiner Ankunft im Bahnhof von Lourdes
schweben die Gefühle jedes Pilgers zwischen der Freude,
endlich an diesem geheiligten Ort angekommen zu sein, der
Hoffnung, von einer Krankheit geheilt zu werden, und
dem Bewusstsein des persönlichen Schmerzes, der
Körper und Geist peinigt.

39 Verschiedene Vereinigungen organisieren Pilgerreisen
nach Lourdes in Sonderzügen für Kranke und Behinderte.
Sie werden von Priestern begleitet, die unterwegs die
heilige Messe feiern und die Pilger auf die Begegnung mit
der Muttergottes vorbereiten.

40-41 Leid und Krankheit sind in Lourdes nichts Fremdes, viele Menschen unternehmen die letzte Reise ihres quälenden Lebens an diesen heiligen Ort in der Hoffnung auf Heilung, aber auch auf der Suche nach innerem Frieden.

42-43 BEI EINBRUCH DER DÄMMERUNG WIRKT DIE ERSCHEINUNGSGROTTE BESONDERS STIMMUNGSVOLL; DIE PILGER KNIEN NIEDER, UM ZU EHREN DER MUTTERGOTTES ZU BETEN.

43 SEHR VIELE MENSCHEN NEHMEN AN DER MARIEN-PROZESSION TEIL, DIE VON MÄRZ BIS OKTOBER TÄGLICH UM 21 UHR STATTFINDET. TAUSENDE VON PILGERN FÜHREN DABEI KERZEN IM GEDENKEN AN IHRE TAUFE MIT SICH. DIE MARIENSTATUE WIRD VON AUSGEWÄHLTEN PILGERN GETRAGEN.

DIE KATHEDRALE VON SANTIAGO DE COMPOSTELA

Jakobus der Ältere, der Heilige als Symbol der Reconquista

Der Legende nach soll der Apostel Jakobus der Ältere nach dem Tod Jesu von Palästina aus bis in das keltische Galicien gezogen sein, um dort die Menschen zu bekehren. Nach Jerusalem zurückgekehrt ließ Herodes Agrippa ihn 42 n. Chr. hinrichten; somit wurde er zum ersten Märtyrer unter den Aposteln.

Sein Leichnam soll von seinen Jüngern Theodomir und Athanasius auf einem „von einem Engel geleiteten" Schiff nach Galicien zurückgebracht worden sein.

Während der Christenverfolgungen geriet sein Grab in Vergessenheit, erst 813 wurde es durch ein Wunder wiederentdeckt: In den Julinächten jenes Jahres sollen über einem Erdhaufen in einem Weizenfeld seltsame Lichter aufgetaucht sein. Der Heilige erschien im Traum dem Eremiten Pelagius und forderte ihn auf, an diesem Hügel zu graben, denn dort läge seine sterbliche Hülle. Nach der Entdeckung des Grabs ließen Alfons II., König von Asturien, Papst Leo III. und Karl der Große dort eine Kirche errichten. Sie verknüpften den Glauben mit der Politik und erklärten Santiago zum Bollwerk der Christen gegen die Mauren, die damals Spanien besetzten. Die damaligen Herrscher nutzten den Kult um Jakobus dazu, den fast 500 Jahre dauernden Prozess der „Reconquista" zu beginnen; eine gnadenlose Ausbeutung der Figur des Heiligen von Seiten der Kirche und des iberischen Adels, der den Schlachtruf „Santiago y cierra, España" („Heiliger Jakobus und zum Angriff, Spanien!") benutzte. In diesem Kontext entstand eine der bekanntesten Darstellungen des Heiligen, „Santiago Matamoros" (Maurentöter), der mit dem Schwert in der Hand und einem weißen Banner mit rotem Kreuz auf einem Schimmel sitzt. So entstand auch dieses bedeutende religiöse Zentrum.

Das Stadtbild von Santiago de Compostela wird von der großen Kathedrale auf der Plaza del Obradoiro beherrscht. Die während des 12. Jahrhunderts errichtete Kathedrale wurde 1738 umgebaut. Fernando de Casas y Novoa entwarf ihre spektakuläre Fassade, die als Juwel des spanischen Barock gilt: ein üppiges Gewirr aus Zinnen, Statuen und Schmuckornamenten, das von zwei Türmen begrenzt wird, dem nördlichen, der „Torre de las Carracas" genannt und der südliche, der „Torre de las Campanas" genannt wird. Über die doppelte Treppe gelangen die Pilger zum Pórtico de la Gloria: Dieses von Maestro Mateo zwischen 1166 und 1188 geschaffene Portal ist ein Meisterwerk der spanischen Romanik. Die Basis der den Pórtico tragenden Mittelsäule weist Vertiefungen auf, denn es gehört zur Wallfahrt, sie an ihrem Ende zu küssen oder zu berühren und sich dabei etwas zu wünschen. Im Inneren der Kirche, hinter dem Hochaltar, führt eine enge kleine Treppe hinauf zur prächtig mit Gold, Silber und Edelsteinen geschmückten Jakobusstatue. Die Gläubigen umarmen ihre Schultern und küssen den Hals. Ein sehr sinnliches Ritual, das in der feierlichen Mittagsmesse seinen Höhepunkt findet, vor allem, wenn dabei der *Botafumeiro*, das größte und schwerste Weihrauchfass der Welt, das an der Decke mit stabilen Seilen befestigt ist, von acht kräftigen Männern durch das Querschiff der Kirche über die Köpfe der Gläubigen geschwenkt wird. In den Jahren, in denen der 25. Juli, der Tag des Märtyrertods des Apostels, auf einen Sonntag fällt, wird ein heiliges Jahr begangen; die Stadt und die Kathedrale werden zum Schauplatz besonderer Feierlichkeiten. Für viele Menschen ist die Stadt der Abschluss des *Camino de Santiago*, des Jakobswegs, einer ergreifenden Erfahrung zwischen Religiosität, Abenteuer und Mystik. In einer Mischung aus Heiligem und Profanem wiederholt sich Jahr für Jahr die Pilgerreise, wie sie schon im Mittelalter begangen wurde: von den Pyrenäen zum Atlantik, von den Höhen der Berge über die galicischen Fjorde bis nach Cabo de Finisterre im äußersten Nordwesten Spaniens, 70 Kilometer von Santiago entfernt, das einigen Pilgern als das wirkliche Ende des Jakobswegs gilt, wo sich die Natur in einem grandiosen Schauspiel zwischen Silbermöwen, steilen Abhängen und vom Wind gepeitschten Ginsterbüschen zeigt.

45 DIE HÄNDE EINES PILGERS UMFASSEN DEN PILGERSTAB, MIT DEM ER DIE ÜBER 800 KILOMETER DES *CAMINO DE SANTIAGO* ZURÜCKGELEGT HAT. AM STAB IST EINE JAKOBSMUSCHEL FESTGEBUNDEN, DAS SYMBOL DER PILGER AUF DEM JAKOBSWEG.

46 Täglich warten auf der Plaza del Obradoiro vor der Kathedrale die Pilger, die einen langen Weg bewältigt haben, auf den Einlass in die Wallfahrtskirche, um die Statue des Apostels Jakobus des Älteren auf dem Altar zu umarmen.

47 Die Statuen der Heiligen sind zum Teil ganz glatt durch die Berührungen der Gläubigen, die mittels dieser grossartigen steinernen Abbilder in direkten Kontakt zum Göttlichen treten, Symbol einer uralten Religiosität.

48-49 Während der Mittagsmesse schwingt der *Botafumeiro* durch das Querschiff der Kathedrale. Das grosse und schwere Weihrauchfass, aus dem dichter Rauch quillt, ist mit Seilen an der Decke befestigt und wird über den Köpfen der Gläubigen hinweg von den rot gekleideten *Tiraboleiros* angestossen.

50 Jeden Tag bringen die unzähligen Pilger in der Kathedrale mit verschiedene Gesten ihre Gläubigkeit zum Ausdruck. Eine davon besteht darin, den Oberkörper des heiligen Jakobus zu umarmen.

50-51 Über eine schmale Treppe hinter dem Altar steigen die Gläubigen bis zu den Schultern der mit Gold und Edelstein verzierten Heiligenstatue hinauf und küssen andachtsvoll deren Nacken.

52-53 ANLÄSSLICH DER *SEMANA SANTA*, EINES DER BIZARRSTEN FESTE SPANIENS UND DER GANZEN WELT, ZIEHEN DIE MITGLIEDER DER VERSCHIEDENEN BRUDERSCHAFTEN VOR DIE KATHEDRALE VON SEVILLA, DARUNTER AUCH DIE MACARENOS, DIE DIE JUNGFRAU VON MACARENA VEREHREN.

DIE *SEMANA SANTA* VON SEVILLA

Glaube und Hingabe im Schatten der Giralda

Die Giralda, einst ein mächtiges Minarett, heute ein Glockenturm, wacht über die Kathedrale von Sevilla, dem größten Kirchengebäude Spaniens, das im 15. Jahrhundert auf den Überresten einer im 12. Jahrhundert vom almohadischen Herrscher Abu Yaqub Yusuf I. errichteten Moschee gebaut wurde. Auf dem Orangenhof, dem Patio de los Naranjos, bieten Gitanas Rosmarinzweige und rote Nelken feil, Symbol von Liebe und Wohlstand, und lesen dem Besucher aus der Hand. In der fünfschiffigen, gotischen Kathedrale befinden sich das Grabmal von Christoph Kolumbus sowie wertvolle Gemälde. Vor allem aber ist die Kathedrale das Zentrum andalusischer Frömmigkeit, die ihren Höhepunkt in der *Semana Santa*, der Karwoche, erreicht, wenn sich durch die gesamte Stadt Prozessionen von den zahllosen Kirchen und Klöstern aus zur Kathedrale bewegen. Die Prozessionen werden von 57 Laienbruderschaften *(cofradías)* ausgerichtet, denen 60.000 Brüder *(cofrades)* angehören, die alljährlich die Passion Christi wieder aufleben lassen.

Am Palmsonntag, dem letzten Sonntag vor Ostern, befestigen die Menschen Palmenzweige an den Balkonen ihrer Häuser im Gedenken an den festlichen Einzug Jesu in Jerusalem. In den Kirchen werden die *pasos* aufgestellt, Konstruktionen aus vergoldetem Holz mit Prozessionsskulpturen, die den gekreuzigten Jesus darstellen oder Szenen des Kreuzwegs, außerdem die silbernen *pasos de palio*, Baldachine mit verschiedenen Madonnen im langen bestickten Mantel. Alle Skulpturen sind lebensgroß und sehr realistisch.

Die Prozessionen beginnen an der Kirche der jeweiligen Bruderschaft, ziehen auf dem kürzesten Weg zur Kathedrale und wieder zurück, wie es Kardinal Niño de Guevara im 17. Jahrhundert bestimmt hat. Eröffnet werden sie vom *cruz de guía*, dem Leitkreuz, danach folgen die von den *costaleros* auf den Schultern getragenen *pasos* (etwa 40 für jeden *paso*, der oft mehr als zwei Tonnen schwer ist); die Träger schreiten dabei barfuß mit aufeinander abgestimmten, rhythmischen Bewegungen voran. Danach folgen die *nazarenos* oder *penitentes*, ebenfalls Mitglieder der *cofradías*. Sie sind in lange Kutten gekleidet, die je nach Zugehörigkeit zur Bruderschaft anders aussehen, und haben das Gesicht unter einer spitzen Kopfbedeckung verborgen, die nur die Augen freilässt. Dann kommt die langsame und getragene Musik spielende Kapelle, schließlich schwarz gekleidete Frauen mit der traditionellen *mantilla* auf dem Kopf, gefolgt von den übrigen Gläubigen. Die letzten Prozessionen finden am Ostersonntag statt. Um zwei Uhr nachmittags müssen alle *pasos* in ihre Kirchen zurückkehren.

Traditionsgemäß ist der *paso* der zur Iglesia de Santa María gehörenden Hermandad de la Resurrección der letzte.

Die auf der Prozession mitgeführten Skulpturen, zum Teil wahre Meisterwerke, oft alt und von hohem kunsthandwerklichen Wert, sind unterschiedlich: Einige stellen Stationen des Kreuzwegs dar, von der Ankunft Jesu in Jerusalem bis zur Kreuzabnahme, andere einzelne Momente der Kreuzigung, angefangen bei Christus, der um Wasser bittet, bis hin zum letzten Moment seines irdischen Daseins, wieder andere zeigen Maria im Schmerz um den Tod ihres Sohnes. Besondere Bedeutung kommt den Marienstatuen zu, auch aufgrund der engen Verbindung zwischen der Jungfrau Maria und der Stadt, die 1946 unter den Schutz der Nuestra Señora de los Reyes gestellt wurde, deren Bildnis in der Capilla Real der Kathedrale aufbewahrt wird.

Das lebendige Stadtviertel Barrio de la Macarena widmet sich besonders hingebungsvoll den Traditionen. Hier finden die aufwendigsten und ergreifendsten Prozessionen der Osterzeit statt. Drei der bedeutendsten Bruderschaften sind daran beteiligt, deren Prozessionen in der Nacht zum Karfreitag beginnen: El Silencio schreitet in vollkommener Stille, El Gran Poder hat die schönste, aus dem 17. Jahrhundert stammende Jesusstatue und La Macarena besitzt die Statue der „weinenden Jungfrau", die in der gleichnamigen Basilika verehrt wird.

54-55 DER WALD AUS SÄULEN UND PFEILERN, BÖGEN UND GEWÖLBEN VERLEIHT DER KATHEDRALE VON SEVILLA EINE WUNDERVOLLE ARCHITEKTONISCHE AUSGEWOGENHEIT, EIN WÜRDIGER RAHMEN FÜR DIE PHANTASIEVOLLE UND ÜBERSCHÄUMENDE ANDALUSISCHE RELIGIOSITÄT.

56-57 Feierlich schreiten die ganz in Weiss gekleideten Mitglieder der Laienbruder-schaft La Paz während der *Semana Santa* auf der Prozession voran. Viele tragen kostbare, vor langer Zeit von grossartigen Silberschmieden gefertigte Hirtenstäbe.

58 Die Mitglieder der Bruderschaften, immer mit den düsteren Kapuzen, tragen Kutten in verschiedenen Farben. Sie begleiten die Statuen der Heiligen sowie die von Maria und Jesus und lassen die dramatische Darstellung der Passion Christi wiederaufleben.

59 Barfuss und gekleidet mit der violetten Kutte des Büssers tragen die Mitglieder der Bruderschaft der Cigarreras schwere Holzkreuze auf den Schultern, um für ihre Sünden zu büssen und das Opfer Christi in Golgatha in Erinnerung zu rufen.

60 BLUMEN UND ALTARKERZEN SCHMÜCKEN DIE WAGEN DER WÄHREND DER *SEMANA SANTA* DURCHGEFÜHRTEN PROZESSIONEN. SCHWARZ GEKLEIDETE FRAUEN MIT DER *MANTILLA* AUF DEM KOPF FOLGEN IHNEN ZUSAMMEN MIT DEN ÜBRIGEN GLÄUBIGEN IM RHYTHMUS DER LANGSAMEN UND GETRAGENEN MUSIK DER MUSIKKAPELLE.

61 DIE WUNDERVOLLE STATUE DER IN DER BASILIKA IM VIERTEL VON LA MACARENA VEREHRTEN, WEINENDEN JUNGFRAU WIRD BEI DER PROZESSION IN DER NACHT ZUM KARFREITAG UNTER DEN ANRUFUNGEN DER GLÄUBIGEN DURCH DIE STADT GEFÜHRT.

WALLFAHRT NACH EL ROCÍO

Wege zur Anbetung der Weißen Taube

Die Heilige Jungfrau von El Rocío, die *Blanca Paloma* (Weiße Taube), befindet sich in der Ermita de El Rocío, einer Kirche im gleichnamigen Ort, 17 Kilometer von Almonte entfernt in der Provinz Huelva. Das Dorf, das aus wenigen um die weiße neobarocke Kirche angeordneten, ausschließlich weißen Häusern besteht, ist fast das ganze Jahr über unbewohnt. Der Großteil der Häuser gehört den 90 Bruderschaften von El Rocío, von denen die älteste und angesehenste die 1640 gegründete von Villamanrique ist. Die Anbetung der Jungfrau geht zurück in die unmittelbar auf die Reconquista folgenden Jahre (15. Jahrhundert): Damals entdeckte ein Jäger zufällig in einem Baumstamm eine Marienstatue. Auf dem Fundort wurde eine Kirche errichtet, die sofort zahlreiche Pilger anzog. Die aus dem 13. Jahrhundert stammende Statue, genannt *Blanca Paloma*, steht heute auf dem Hochaltar neben jener Kirche. Die Wallfahrt und die mit der Marienverehrung verbundenen Zeremonien sind Ausdruck eines für Spanien typischen Synkretismus, der insbesondere in Andalusien deutlich wird, wo Religiöses und Profanes in suggestiven, heidnisch und urzeitlich anmutenden Ritualen miteinander verschmelzen.

An Pfingsten ziehen mehr als eine Million Pilger aus ganz Spanien und dem Ausland auf traditionellen Wegen, die vor Jahrhunderten festgelegt wurden, zur Wallfahrt in die Ermita de la *Blanca Paloma*. Die in traditionell andalusischer Tracht gekleideten Pilger kommen typischerweise zu Fuß, zu Pferd oder auch auf von Ochsen oder Pferden gezogenen Wagen. Diese prächtige Karawane setzt sich eine Woche vor Pfingsten in Bewegung, wenn die verschiedenen Bruderschaften El Rocíos von ihren Standorten in Huelva, Sevilla und Cadiz aufbrechen. Es gibt vier traditionelle Pilgerwege: Der *Camino de Sanlúcar*, der den Nationalpark Coto de Doñana durchquert und dem alten Triftweg folgt, ist der Weg der Pilger aus Cadiz; der aus Almonte kommende *Camino de los Llanos* ist der älteste; den *Camino de Moguer* gehen die Pilger aus Huelva; der *Camino de Sevilla* schließlich ist der Weg, dem die Bruderschaften aus der andalusischen Hauptstadt und dem übrigen Spanien folgen.

Unterwegs singen die Pilger Lieder und *coplas*, eine traditionelle andalusische Liedform. Bei Sonnenuntergang schlagen sie ihre Zelte auf und bis in die frühen Morgenstunden wird an Lagerfeuern gesungen, Flamenco getanzt, gegessen und getrunken. Der lange Pilgerstrom erreicht El Rocío erst am Samstagmorgen. Dann beginnen die zahlreichen religiösen Zeremonien, die bis Montag dauern.

62-63 Die jeweils im Mai quer durch Andalusien bis nach El Rocío verlaufende, mitreissende Wallfahrt ist geprägt durch die mit Blumen und Heiligenbildern geschmückten Planwagen, die von Ochsen oder Pferden gezogenen werden und teilweise auch Wasserläufe durchqueren müssen.

Wenn alle Bruderschaften eingetroffen sind, startet der spektakuläre, von Glockengeläut begleitete Umzug, der vor der Staute der Jungfrau endet. Dabei wird jede Bruderschaft angeführt von ihrem *Simpecado*, der Standarte ihrer Vereinigung.

Am Sonntag kommen alle Pilger in und vor der Kirche zum Gottesdienst zusammen. In der Nacht zum Montag warten alle auf den Höhepunkt des Spektakels: *el salto de la reja*, dann nämlich überspringen die Mitglieder der Mutterbruderschaft von Almonte die Absperrung zum Altar, ergreifen die Statue und tragen sie aus der Wallfahrtskirche. Dies ist der Moment, in dem die Mitglieder der Bruderschaften anderer Dörfer unter Gedränge und Geschrei den Männern aus Almonte die Ehre streitig machen, die *Blanca Paloma* zu tragen.

Nach einigem Hin und Her aber kehrt wieder Ruhe ein und die Prozession nimmt ihren Weg durch die Straßen des Dorfs, vorbei an den verschiedenen Häusern der Bruderschaften; sie endet am späten Vormittag oder frühen Nachmittag.

Am 19. August findet der Rocío Chico statt, eine kleinere, weniger aufwendige Prozession, an der vor allem jene teilnehmen, die diesen Ort verlassen haben und nur im Sommer kommen.

64 DIE FRAUEN IM GEFOLGE DER PROZESSIONSWAGEN TRAGEN TRADITIONELLE ANDALUSISCHE KLEIDER MIT RÜSCHEN UND VOLANTS, DIE IHREN WENDIGEN UND GESCHMEIDIGEN KÖRPER VERHÜLLEN. AUF DEM KOPF TRAGEN SIE DIE *MANTILLA* UND EINEN HOHEN KAMM AUS SCHILDPATT ODER KNOCHEN, DER IHRE LANGEN HAARE ZUSAMMENHÄLT.

64-65 NUR MÜHSELIG KOMMEN DIE WAGEN AUF DEN SANDIGEN, VON DER SONNE AUFGEHEIZTEN UND ABSEITS GELEGENEN WEGEN VORAN, DENEN DIE PILGER SEIT JEHER FOLGEN. EINIGE DER WAGEN WERDEN VON STARKEN STIEREN GEZOGEN, DIE MÄNNER MIT BREITKREMPIGEN HÜTEN UND DIE TRADITIONELL GEKLEIDETEN FRAUEN HINGEGEN GEHEN ZU FUSS.

66 EINIGE DER ANDALUSISCHEN FRAUEN MIT IHREN PRÄCHTIGEN UND FARBENFROHEN KLEIDERN BEGLEITEN DIE PROZESSION AUF DEN TEMPERAMENTVOLLEN, REINRASSIGEN PFERDEN, DIE VON GATTEN UND BRÜDERN GESCHICKT GEFÜHRT WERDEN.

66-67 ZIEL DER PILGERREISE IST DIE WALLFAHRTSKIRCHE IN EL ROCÍO, EINEM 17 KILOMETER VON ALMONTE ENTFERNTEN ORT, AN DEM DIE VIRGEN DEL ROCÍO, AUCH *BLANCA PALOMA* GENANNT, VEREHRT WIRD. VOR DER KIRCHE HAT SICH EINE LANGE PROZESSION DER WAGEN AUFGELEIHT.

68 Auf der Prozession werden Hirtenstäbe mitgeführt, feinste historische Goldschmiedearbeiten aus Silber und Gold. Darauf sind religiöse Symbole, Akanthusblätter und tierförmige Motive eingearbeitet.

69 Es gibt zahlreiche Abbilder der wundertätigen *Blanca Paloma*, eine davon ist diese mit Edelsteinen verzierte Holztafel mit handgetriebenem Gold und Silber, Beispiel eines gewissen, für Spanien typischen künstlerischen und religiösen Synkretismus.

70-71 Die Aufregung in der Menge wird immer grösser. Jeder versucht, so nahe wie möglich an das Zentrum des Geschehens heranzukommen. Die von den Rivalen gehaltene Statue der Muttergottes gerät bedenklich ins Schwanken. Dann kehrt wieder Ruhe ein und die *Blanca Paloma* setzt unter Gesang und Gebeten ihren Weg fort.

WALLFAHRT NACH FÁTIMA

Das Mysterium der Prophezeiungen

Portugal wurde in der ganzen katholischen Welt zum Gesprächsstoff, als am 13. Mai 1917 die drei Hirtenkinder Lúcia dos Santos, ihr Cousin Francisco und ihre Cousine Jacinta Marto ihre Herde auf den Hügeln um das Dorf Fátima weiden ließen und sahen, wie sich der Himmel erhellte und auf einer kleinen Wolke über einer Steineiche die Jungfrau Maria mit dem Rosenkranz erschien, die sie bat, sechs Monate lang jeweils am 13. an diesen Ort zurückzukehren.

Tatsächlich wiederholen sich jeweils am 13. der folgenden Monate fünf weitere Erscheinungen. Die Letzte, die am 13. Oktober vor 70.000 Menschen stattfand, zeigte sich in Form einer sich wie ein Feuerrad am Himmel drehenden Scheibe, was fortan als „Sonnenwunder" bezeichnet wurde. Bei dieser Gelegenheit vertraute die Jungfrau Maria den Kindern die „drei Geheimnisse von Fátima" an: der bevorstehende Frieden nach dem Ende des Ersten Weltkrieges, der Ausbruch der Russischen Revolution und ein drittes Geheimnis, das vom Vatikan streng gehütet wurde, da es eine so schlimme Prophezeiung enthielte, „dass die Gemeinschaft der Lebenden sich den Tod wünschen würde".

Erst 1930 wurde die öffentliche Verehrung Unserer Lieben Frau von Fátima zugelassen, die alljährlich mehr als drei Millionen Pilger aus der ganzen Welt anzieht. Daher hat sich rings um den Ort der Erscheinungen und der einfachen Kapelle, die Anfang der 1920er Jahren fertiggestellt wurde, eine wahre Zitadelle des Glaubens mit 10.000 Übernachtungsplätzen entwickelt.

Mit dem Bau der neobarocken Basilika wurde 1928 begonnen. Vor dem Gebäude erstreckt sich ein weiter halbkreisförmiger Bogengang, über dem Heiligenstatuen stehen. In der Mitte des 65 Meter hohen Glockenturms befindet sich eine Marienstatue. Auf den farbigen Glasfenstern erkennt man die Erscheinungen der Hirtenkinder sowie die Anrufungen der an die Muttergottes gerichteten Litanei. Die 15 Seitenaltäre sind den 15 Mysterien des Rosenkranzes geweiht. Hier befinden sich die Grabstätten der Hirtenkinder. Auf dem Platz vor der Wallfahrtskirche steht die *Capela das Aparições*: Diese genau an der Stelle der Erscheinung errichtete Kapelle – die hier zum ersten Mal errichtete Kapelle war zerstört worden – enthält die Marienstatue, in deren Krone das Projektil eingearbeitet ist, das Johannes Paul II. bei dem Attentat von 1981 getroffen hatte.

Tagtäglich überqueren Pilger barfuß oder auf Knien den großen Platz, versunken im Gebet suchen sie die Verbindung zum Übernatürlichen und flehen die Jungfrau Maria an. Aber vor allem drängt es zwischen Mai und Oktober, jeweils am 12. und 13. jeden Monats, und noch mehr am 13. Mai und am 13. Oktober eine schier endlose Schar Gläubiger hierher, um der Marienerscheinungen zu gedenken. Dazu finden nächtliche Prozessionen mit Tausenden von Kerzen statt.

Neben religiösen Souvenirs, vor allem Kerzen und wächsernen Körperteilen, die als Votivgaben dienen, gibt es überall und in verschiedenen Sprachen das Buch mit dem Titel „Schwester Lucia spricht über Fátima": Es enthält ihre Erinnerungen an die außergewöhnliche Marienerscheinung, die ein Priester gesammelt hat. Ein weiterer Ort des Gebets ist die *Casa dos Pastorinhos*, das östlich von der Wallfahrtskirche liegende Geburtshaus der drei Hirtenkinder. Das durch einen weitläufigen unterirdischen Gang mit dem großen Vorplatz verbundene *Centro Pastoral de Paulo VI.* macht die Gläubigen mit den neuen Technologien vertraut; hier gibt es ein Amphitheater, Konferenzsäle, eine Bibliothek sowie Übernachtungsmöglichkeiten für die Pilger.

Ein weiterer Ort von besonderer Bedeutung auf der Pilgerreise hierher ist das Karmel St. Teresa in der nahe gelegenen Stadt Coimbra, wo Lúcia dos Santos (1907-2005) viele Jahre lang in völliger Zurückgezogenheit lebte. Sie war das älteste der drei Hirtenkinder und zur Zeit der Erscheinungen zehn Jahre alt; aufgrund dieser intensiven Erfahrung beschloss sie, sich dem Orden der Karmeliter anzuschließen.

73 Während seines Pontifikats kam Papst Johannes Paul II. drei Mal nach Fátima. Am 13. Mai 2000 sprach er Francisco und Jacinto Marto, zwei der drei Hirtenkinder selig, Schwester Lúcia lebte zu dem Zeitpunkt noch.

74 Zu den wichtigsten Festen kommen Tausende von Pilgern nach Fátima, viele davon überqueren auf Knien den riesigen Platz vor der Basilika. Mehrere Frauen tragen ihre kleinen Kinder mit Votivkerzen in der Hand auf ihren Schultern.

74-75 Zum 92. Jahrestag der Erscheinung der Jungfrau Maria vor den drei Hirtenkindern im Jahr 1917 fand eine grossartige Prozession statt, an der, eng um die Marienstatue gedrängt, eine riesige Menschenmenge teilnahm.

76-77 In der Basilika befinden sich die Grabmale von Francisco, Jacinta und Schwester Lúcia, an denen die Pilger in tiefer Andacht beten. Insbesondere vor dem Sarg der Jacinta sammeln sie sich im Gebet.

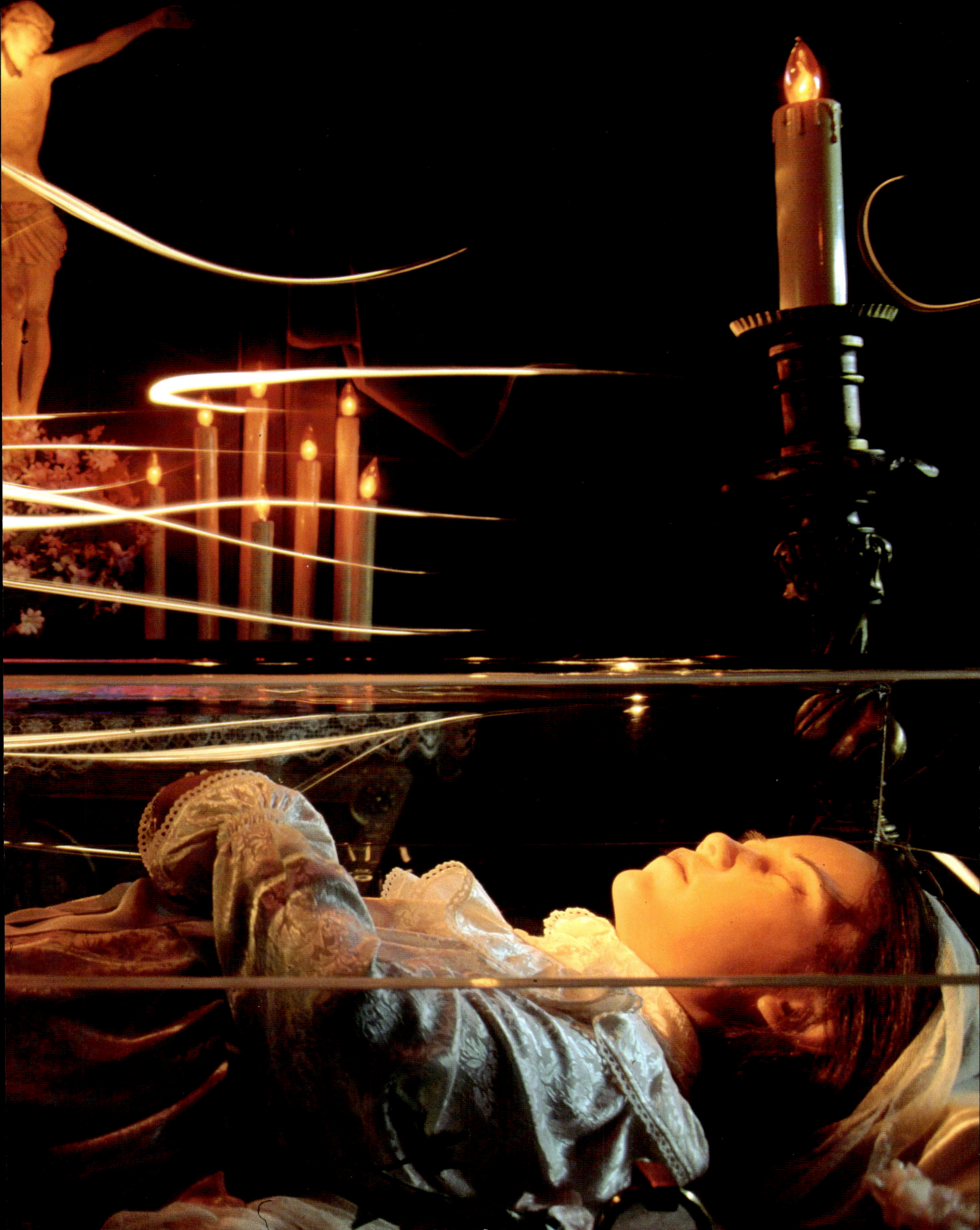

78 Täglich kommen Tausende von Gläubigen zur Wallfahrtsstätte und füllen den grossen Platz vor der Basilika, vor allem an den Tagen, an denen der Marienerscheinungen gedacht wird. In der Nacht werden Tausende von Kerzen angezündet, die dem Ereignis einen Hauch mystischer Religiosität verleihen.

78-79 Zu den bedeutendsten Festen wird die betende Marienstatue in einer Prozession durch ein Meer aus Pilgern getragen, die den grossen Platz vor der Pilgerkirche bevölkern.

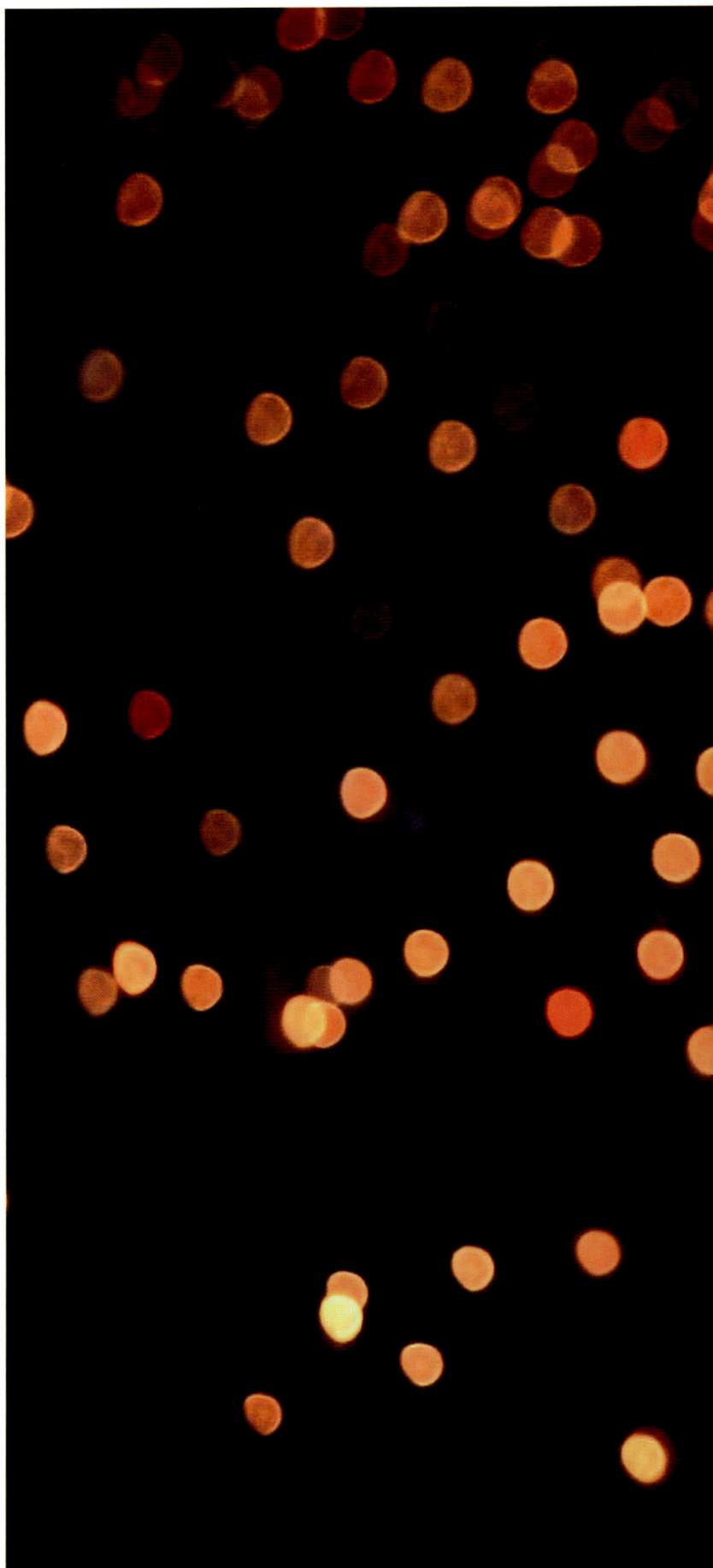

80 NEBEN DEN KERZEN, DIE DIE GLÄUBIGEN ZU EHREN DER
JUNGFRAU MARIA ALS ZEICHEN STUMMER ANBETUNG ANZÜNDEN,
WERDEN IHR AUCH ANDERE ABBILDER IN FORM VON
HERZEN UND KÖRPERTEILEN GEOPFERT, DAMIT SIE AUF IHRE
FÜRSPRACHE GEHEILT WERDEN.

80-81 IN DER STIMMUNGSVOLLEN NÄCHTLICHEN PROZESSION
VEREINT SICH GROSS UND KLEIN MIT KERZEN IN DER HAND.
IN IHREN GEBETEN UND GESÄNGEN BITTEN SIE DIE JUNGFRAU
MARIA DARUM, SIE ZU BESCHÜTZEN UND IHNEN DEN WEG ZUM
EWIGEN HEIL ZU LEUCHTEN

DIE BASILIKA VOM HEILIGEN ANTONIUS UND PADUA

Kunst, Kultur und Religiosität

Padua ist ein Kreuzungspunkt von Kunst, Kultur und tiefer Religiosität. Hier arbeiteten Giotto und Donatello, hier predigte der heilige Antonius, ein im Jahr 1195 in Lissabon geborener Franziskanermönch, der 1231 in Padua starb. Seit damals hat die Stadt ihren Namen mit dem des Heiligen verbunden. Ab 1231 wurde hier die Basilika des heiligen Antonius im Stil der Romanik, der Gotik und des Barock errichtet. Im linken Querschiff schließt sich die Grabkapelle des heiligen Antonius, auch Arca genannt, aus dem 16. Jahrhundert an. In der Reliquienkapelle erinnert vieles an das Leben des Antonius, den die Katholiken seiner besonderen Gaben wegen als den „wundertätigen Heiligen" ansehen. Seine Verdienste waren aber nicht nur verbunden mit wundertätigen Vorkommnissen: Als ausgezeichneter Philosoph und Prediger gehörte er zu jenen, die maßgeblich die franziskanische Theologie prägten. Die Ausdruckskraft seiner in mittelalterlichem Latein abgefassten Schriften zeugt von Genialität und außergewöhnlicher Weisheit.

1946 wurde der heilige Antonius zum Kirchenlehrer ernannt. In seinen Predigten legte er der Akzent auf den Wert des Gebets als direktes Gespräch zwischen Mensch und Gott, als innere Erfahrung, in der der Gläubige dem Herrn vertrauensvoll sein Herz öffnet und in dem er aus der Quelle göttlicher Liebe schöpft, woraus ein geistiges Wissen entsteht, das jeder anderen Wissensform überlegen ist. Ihm zufolge ist nur eine betende Seele wirklich in der Lage, sich auf spiritueller Ebene weiterzuentwickeln.

Die ihm geweihte Basilika ist für viele Gläubige der ideale Ort, um sich, angeregt durch die Lehren dieses großen Meisters, dem Gebet und der Meditation hinzugeben und dabei die Begegnung mit der Gnade Gottes und dem Sakrament der Buße zu suchen. Antonius widmete einen großen Teil seiner Zeit reuevollen Seelen, um ihnen die Beichte abzunehmen; heute bieten Patres den Gläubigen ihre geistliche Unterstützung an, mit der sie sich bestmöglich auf die spirituelle Erfahrung vorbereiten können, um den Besuch der Basilika mit Gebeten und Exerzitien so intensiv wie möglich zu erleben.

Die Pilger vertrauen auf die Hilfe des Heiligen, darauf, dass er ihr Leiden anhört und bei Gott Fürsprache für sie einlegt. Aus diesem Grund tragen viele Menschen ihre Gebetsanliegen an seinem Grabmal vor; andere hingegen berühren es im stillen Gebet.

In der Basilika finden verschiedene Andachten und Gottesdienste statt. Besonders feierlich sind die Messen am 13. Juni, dem Gedenktag des Heiligen, sowie am 15. Februar, wenn die Überführung der Gebeine des heiligen Antonius gefeiert wird. An diesem Tag fand 1350 die endgültige Grablegung seiner Gebeine in der jetzigen Grabkapelle statt. In Erinnerung an ihre erste Umbettung im Jahr 1263 wird dieses Ereignis auch „Fest der Zunge" genannt, denn Bonaventura von Bagnoregio, damals Generalminister der Franziskaner, fand beim Öffnen des Sargs mit dem Leichnam des Antonius dessen Zunge unversehrt vor. Seit Kurzem werden die sterblichen Überreste des Heiligen in der Reliquienkapelle ausgestellt.

Im Kreuzgang des Generalministers gibt eine Ausstellung Aufschluss über Leben und Werk des Heiligen. Im Kreuzgang des seligen Luca Belludi befinden sich das Antonianische Museum sowie das Museum der populären Antoniusverehrung. Unter spirituellen Gesichtspunkten ist das „Laboratorio di Liturgia" der Basilika von Bedeutung, bei dem mit Interessenten die biblischen Grundlagen der Liturgie und der eucharistischen Anbetung aufgearbeitet werden.

Seit einigen Jahren hat der *Cammino di Sant'Antonio* wieder an Aktualität gewonnen, ein von vielen Pilgern unternommener Weg, den der Heilige 1231 kurz vor seinem Tod ging. Dieser beginnt bei der Kirche von Camposampiero, führt weiter zur Kirche von Arcella bei Padova, wo Antonius starb, und endet an der Basilika. Auf der etwa 25 Kilometer langen Strecke streift man diese drei Orte, die für die Heiligenverehrung wie auch für Glauben, Kunst und Geschichte allgemein bedeutsam sind.

83 Die im Herzen Paduas liegende Basilika, die nach dem heiligen Antonius benannt ist, besticht durch die geschickte Mischung von romanischen, gotischen und barocken Elementen. Die acht Kuppeln und zwei Glockentürme, die an Minarette erinnern, verleihen dem Kirchenbau ein fast orientalisches Aussehen.

84 Am 13. Juni, dem Gedenktag des Heiligen, wird die Urne mit seinen sterblichen Überresten von Geistlichen in einer Prozession zur Arca, der Grabkapelle, getragen.

84-85 Die Basilika ist immer gut besucht, vor allem anlässlich der mit dem Leben des heiligen Antonius verbundenen Festtage, an denen die bedeutendsten Kleriker feierliche Gottesdienste zelebrieren.

DIE SANTA CASA
VON LORETO

Der wundersame Flug des Hauses der Jungfrau Maria

Als 1291 die Kreuzfahrer aus Palästina vertrieben wurden, soll der Legende nach das Haus, in dem Marias Familie in Nazareth gelebt hatte, von vier Engeln erst nach Illyrien und dann am 10. Dezember 1294 nach Loreto gebracht worden sein, wo es heute in der Basilika steht. Im Laufe der Jahrhunderte wurde das Motiv dieses wundersamen Transports von Dichtern und Malern immer wieder aufgegriffen, die den „Flug" des Hauses wie den eines modernen Flugzeugs darstellen. Daher erklärte Papst Benedikt XV. am 24. März 1920, dem Vortag der Mariä Verkündigung, die Madonna di Loreto zur Schutzheiligen der Flugzeugpiloten.

Das Haus der Jungfrau Maria bestand aus zwei Teilen: eine in den Fels gehauene Grotte, die noch heute in der Verkündigungsbasilika in Nazareth verehrt wird, und einem gemauerten Gebäude vor der Höhle. Eben dieses soll sich in Loreto befinden; seine Authentizität als das „wahre Haus der Maria aus Nazareth" wurde durch jüngere Untersuchungen bestätigt.

Vor der Wallfahrtskirche befinden sich die Statue von Sixtus V. (1589) sowie ein Brunnen aus dem 17. Jahrhundert. Den zwischen 1751 und 1754 gebauten Glockenturm aus Ziegeln und *Pietra d'Istria*, einer besonderen Sandsteinart, entwarf Luigi Vanvitelli. Mit dem Bau der Basilika im spätgotischem Stil wurde 1468 begonnen: Sie hat eine Renaissancefassade und bronzene, mit biblischen Ereignissen verzierte Türen. Der dreischiffige Innenraum nach dem Grundriss eines lateinischen Kreuzes beherbergt das heilige Haus, die *Casa Santa*, die auf Geheiß von Papst Julius II. zum Großteil von Andrea Sansovino nach Entwürfen von Bramante (1507) mit Marmor verkleidet wurde. In den Nischen und Reliefs befinden sich Abbildungen von den Sybillen und Propheten, die die Herrlichkeit der Muttergottes verkünden. Der ursprüngliche Teil des heiligen Hauses bestand aus drei, jeweils drei Meter hohen Steinmauern. Später, 1536, wurden der darüberliegende Teil aus Ziegeln sowie das Gewölbe hinzugefügt.

Die aus dem 14. Jahrhundert stammenden Votivfresken aus umbrischer Schule stellen die Jungfrau Maria dar. Die achteckige, von Giuliano da Sangallo 1500 fertiggestellte Kuppel zeigt die Geschichte des Dogmas der Unbefleckten Empfängnis. Die Marienstatue aus Holz, die 1921 bei einem Brand zerstört und ein Jahr später erneuert wurde, ist von Kerzenrauch geschwärzt. Auch heute noch ist das heilige Haus, das schon immer Ziel von Wallfahrten und eines der bedeutendsten spirituellen und kulturellen Zentren Europas war, ein Ort der Besinnlichkeit, an dem bereits Päpste, Heilige und Selige gebetet haben. Seit 1936 werden von April bis Oktober Pilgerfahrten für Kranke und Behinderte organisiert.

Besonders viele Gläubige kommen anlässlich der wichtigsten Gedenktage nach Loreto. Am Abend des Karfreitags führen in der nahegelegenen Villa Musone mehr als 200 Menschen in historischer Kleidung die Passion Christi auf. Die religiöse Darstellung, genannt „der Tod des Gerechten", verläuft über die Straße, die von der Villa Musone nach Loreto bis zur Basilika und zur Piazza della Madonna führt.

Der Geburtstag der Maria (8. September) leitet den *Settembre Lauretano* ein, eine Zeit religiöser wie auch weltlicher Feste; dazu gehören Pferderennen, Jahrmärkte, Gedenkfeiern und Schauspiele. Den Höhepunkt bildet die feierliche Prozession, bei der die Marienstatue durch die Altstadt geführt wird. In der Nacht zum 9. September werden zur *Festa della Venuta*, einem Fest zum Gedenken an die Ankunft des Hauses der Jungfrau Maria in Loreto, rings um die Stadt Lagerfeuer angezündet und die Glocken geläutet. Viele Menschen wohnen der feierlichen Prozession bei und bewundern die Marienstatue, die noch einmal aus dem Haus geführt wird. Am Tag darauf endet das religiöse Fest mit einem feierlichen Pontifikalamt in der Basilika. Theologen und Wissenschaftler aus der ganzen Welt kommen in Loreto zusammen, um sich mit spirituellen und mariologischen Themen auseinanderzusetzen.

87 DIE BASILIKA MIT EINEM SPÄTGOTISCHEN GRUNDRISS ZEIGT STARKE EINFLÜSSE DER RENAISSANCE, DIE VOR ALLEM AN DER FASSADE DEUTLICH WERDEN, MIT DEREN BAU 1571 NACH PLÄNEN VON GIOVANNI BOCCALINI BEGONNEN WURDE, DER VON GIOVAN BATTISTA CHIOLDI WEITERGEFÜHRT UND VON LATTANZIO VENTURA IM JAHR 1587 UNTER PAPST SIXTUS V. FERTIGGESTELLT WURDE.

88 Während der jeweils am Ende eines Schuljahres stattfindenden Fusswallfahrt von Macerata nach Loreto, an der Jugendliche aus Italien und aus dem Ausland teilnehmen, begleitet nach dem nächtlichen Marsch eine feierliche Prozession am frühen Morgen, die Marienstatue – von Angehörigen der italienischen Luftwaffe getragen – bis zum Vorplatz der Basilika.

88-89 Auf dem Platz vor der Wallfahrtskirche sind immer Gläubige anzutreffen, insbesondere in der Zeit des *Settembre Laurentano*. Das Programm ist dicht gefüllt mit sakralen Zeremonien und anderen Veranstaltungen wie Tagungen und Versammlungen geistlicher Vereinigungen.

90 OBEN JUNGE PILGER BETEN AUF KNIEN, DEN KOPF AN DIE HELLE MARMOROBERFLÄCHE GELEHNT, MIT DER DAS HAUS DER HEILIGEN FAMILIE IN NAZARETH VERKLEIDET IST: WÄHREND DIE AUSSENSEITE MIT MOTIVEN VERZIERT IST, DIE DAS WERK BERÜHMTER KÜNSTLER AUS DEM 16. JAHRHUNDERT SIND, IST DER INNENRAUM SCHLICHT UND ENTHÄLT ALTE GRAFFITI UND INSCHRIFTEN.

90 UNTEN JÜNGSTE STUDIEN SCHEINEN DIE HERKUNFT DER *CASA SANTA* ZU BESTÄTIGEN: DIE ART, IN DER DIE STEINE BEARBEITET SIND, ERINNERT AN DIE DER NABATÄER ZU ZEITEN JESU. DIE GRAFFITI WIEDERUM SIND ANDEREN ÄHNLICH, DIE IM HEILIGEN LAND GEFUNDEN WURDEN UND SICH AUF JÜDISCH-CHRISTLICHE GEMEINSCHAFTEN AUS DER ZEIT ZWISCHEN DEM 2. UND DEM 5. JAHRHUNDERT ZURÜCKFÜHREN LASSEN.

91 DIE HEUTIGE MARIENSTATUE, DIE DAS ORIGINAL AUS DEM 15. JAHRHUNDERT ERSETZT, WURDE AUF ANORDNUNG VON PAPST PIUS XI. IM JAHR 1922 AUS DEM HOLZ EINER AUS DEN VATIKANISCHEN GÄRTEN STAMMENDEN LIBANONZEDER VON ENRICO QUATTRINI HERGESTELLT UND VON LEOPOLDO CELANI BEMALT. DER PAPST KRÖNTE SIE IN EINER FESTLICHEN ZEREMONIE UND LIESS SIE NACH LORETO BRINGEN.

DIE STÄTTEN DES HEILIGEN FRANZISKUS

Il Poverello, der kleine arme Mann aus Assisi

Die kleine umbrische Stadt Assisi war der Mittelpunkt des mystischen und religiösen Lebens des heiligen Franziskus, der hier 1182 geboren wurde und 1226 starb. Zum Gedenken an sein Leben und Werk entstanden Klöster und Basiliken, die für das christliche Denken von grundlegender Bedeutung waren und immer noch sind.

Die Basilika mit dem Sacro Convento, dem Mutterkloster der Franziskaner, wurde 1228 nach einer Idee von Bruder Elias von Assisi, Generalminister des Ordens, gebaut. Im Laufe der Jahrhunderte dehnte sich der Komplex aus und wurde zu einem der wichtigsten Bauwerke der katholischen Welt, Ort der Begegnung und der Auseinandersetzung mit großen globalen Themen wie Frieden, die Rolle der Religionen und den großen Problemen der Welt.

Die Basilika ist als Doppelkirche angelegt mit zwei übereinander liegenden, getrennten Bereichen. Die von romanisch-gotischen Elementen geprägte Unterkirche hat ein gotisches Doppelportal. Das Innere weist ein von fünf Jochen unterteiltes Schiff auf mit Querschiff, Apsis und Seitenkapellen. Unzählige Fresken sind hier zu sehen, darunter jene von Pietro Lorenzetti aus dem 14. Jahrhundert und die von Simone Martini. Sehenswert sind auch der prächtige Raum mit den Reliquien des heiligen Franziskus und die Krypta mit seinem Grabmal, das 1818 wiederentdeckt wurde. Die vom Stil der italienischen Gotik geprägte Oberkirche hat nur ein Schiff mit einem weiten Querschiff und einer polygonalen Apsis. Hier befinden sich einige kostbare Fresken von Cimabue, wie etwa die *Kreuzigung*, eines der bedeutendsten Werke des Meisters, sowie weitere Fresken, die Giotto zugeschrieben werden (Szenen aus dem Leben des heiligen Franziskus). In der Basilika finden jeweils am 4. Oktober, dem Gedenktag des Heiligen, und an verschiedenen liturgischen Feiertagen festliche Pontifikalämter statt.

Auf Geheiß von Papst Pius V. wurde am 25. März 1569 der Grundstein eines weiteren bedeutenden Gotteshauses gelegt, der Basilika Santa Maria degli Angeli, einer der größten Kirchen Italiens. Die 1679 nach Entwürfen von Galeazzo Alessi aus Perugia fertiggestellte Kirche wurde um die kleine Kapelle Portiunkula gebaut. Diese im Jahr 1209 von den Benediktinern gespendete Kapelle, deren Außenwände mit Fresken bedeckt sind, befindet sich heute unterhalb der riesigen Kuppel dieser Basilika. Die Kapelle ist eng mit dem Lebensweg des Heiligen verknüpft. Am Abend des Palmsonntags im Jahr 1211 legte hier die heilige Klara von Assisi ihr Gelübde ab und hier verkündete Franz von Assisi am 2. August 1216 vor dem Volk und den Bischöfen Umbriens den Portiunkula-Ablass, ein Ereignis, das die Kapelle zu einer Wallfahrtsstätte machte. Im Gedenken daran wird am 1. und 2. August ein Fest gefeiert. An ebenen diesem Ort starb Franz von Assisi am 3. Oktober 1226, nachdem er sich dort nackt hatte auf den Boden legen lassen. Am Jahrestag seines Todes wird ein spezieller Gottesdienst abgehalten. Feierlich untermalt werden die Festtage durch den Gesang des Chors der Portiunkula, der in der Basilika seinen Sitz hat.

Etwas abseits von Assisi, umgeben von Olivenbäumen und Zypressen, liegt das Kloster San Damiano, wo sich nachempfinden lässt, wie der Heilige gelebt hat. Hier vernahm er der Überlieferung nach vor dem Kreuz der Kirche die Worte, die ihn aufforderten, „das Haus des Herrn wiederherzustellen", hier verfasste er 1225 den Sonnengesang und hier fanden 1212 die heilige Klara und ihre Schwestern Zuflucht. Im einschiffigen Innenraum der Kirche erinnert ein Fresko an die berühmte Szene, in der Franz von Assisi dem Priester von San Damiano das für die Restaurierung der kleinen Kirche notwendige Geld durch eine Fensteröffnung warf.

Im Laufe des Jahres finden in Assisi zahlreiche Prozessionen und Veranstaltungen statt. Zur *Festa del Voto*, dem Festtag am 22. Juni zum Gedenken an die Befreiung Assisis von den Sarazenen durch das wundertätige Eingreifen der heiligen Klara, beginnt bei der Kathedrale von San Rufino, dem Schutzpatron Assisis, eine Prozession, an der verschiedene Bruderschaften teilnehmen. Am 11. August wird der Gedenktag der heiligen Klara und am vorletzten Sonntag im Oktober das Fest des Sonnengesangs begangen.

93 Die Oberkirche, die 1997 durch ein Erdbeben beträchtlich beschädigt wurde, ist ein interessantes Beispiel der italienischen Gotik. An den Wänden sind Fresken von Cimabue zu bewundern sowie andere, die Giotto zugeschrieben werden.

94 Am 17. Juni 2007 feierte Papst Benedikt XVI. die heilige Messe vor unzähligen Gläubigen, die sich auf dem durch Kolonnaden gegliederten Kirchplatz der Basilika versammelt hatten. Anlass war der 800. Jahrestag der Berufung Franz von Assisis.

94-95 Im April 2009 nahmen Angehörige des Franziskanerordens aus aller Welt teil am soge-nannten „Capitolo Internazionale delle Stuoie" (Internationales Mattenkapitel) statt, mit dem die acht Jahrhunderte gefeiert wurden, die seit 1209 vergangen sind, als – mit Zustimmung von Papst Innozenz III. – formal der Franziskanerorden gegründet wurde.

96 In der Basilika Santa Maria degli Angeli befindet sich
die kleine Kapelle Portiunkula, die verknüpft ist mit
zahlreichen Lebensstationen des heiligen Franziskus.
Hier etablierte der Heilige seine geistige Heimat und
hier starb er am 3. Oktober 1226.

96-97 Die *Festa del Perdono*, das Fest der Vergebung,
aus Anlass des Portiunkula-Ablasses, findet am 1. und
2. August in der Basilika Santa Maria degli Angeli statt.
An der gesungenen Messe nehmen viele Gläubige teil,
die hingebungsvoll zum Heiligen beten und seinen
Schutz erbitten.

98 EIN MÖNCH IN VERSUNKENEM GEBET VOR DER STERBLICHEN
HÜLLE DER HEILIGEN KLARA, DIE IN DER KRYPTA DER NACH
IHR BENANNTEN BASILIKA AUFGEBAHRT IST.

98-99 EIN GITTER SCHÜTZT DIE GRABSTÄTTE DES HEILIGEN
FRANZISKUS IN DER KRYPTA DER UNTERKIRCHE. DAVOR IST EIN
GEISTLICHER IN TIEFER MEDITATION VERSUNKEN, DIE FINGER UM
DAS KALTE METALL GESCHLUNGEN, DAS DEN BEREICH ABGRENZT,
IN DEM DER STEINSARKOPHAG MIT DEM LEICHNAM DES
HEILIGEN AUFBEWAHRT WIRD.

DER PETERSDOM

Dreh- und Angelpunkt der katholischen Welt

Als Nabel der katholischen Welt bildet der Petersdom mit den beeindruckenden Kolonnaden von Bernini damals wie heute den spektakulären Rahmen für die bedeutendsten Zeremonien, die die Geschichte der katholischen Kirche prägten. Die konstantinische Basilika Alt St. Peter wurde im 4. Jahrhundert auf Geheiß Konstantins auf dem Hügel des Vatikans errichtet, wo sich das Grab des Apostels Petrus befand. Die Zahl derjenigen, die an diesen heiligen Ort kamen, nahm im Laufe der Jahrhunderte immer mehr zu, ein unaufhörlicher Pilgerstrom im Zeichen des Göttlichen. 1506 wurde der Grundstein für die heutige Basilika gelegt. Der Bau stand unter der Leitung vieler großer Künstler, von Bramante bis Raffael, von Giuliano und Antonio da Sangallo bis Michelangelo, von Carlo Maderno bis Gian Lorenzo Bernini, der nach Madernos Tod 1629 an dessen Stelle trat, um die Fassade fertigzustellen. Zwischen 1656 und 1667 vollendete Bernini sein Meisterwerk, die Kolonnaden, die mit ihren 284 Säulen und 88 Pfeilern eine grandiose Ellipse mit einer Breite von 240 Meter bilden und die Gläubigen wie in einer offenen Umarmung empfangen. In der Mitte steht zwischen den beiden Brunnen der Obelisk, auf dessen Spitze sich eine Kreuzesreliquie befinden soll.

Das Innere ist monumental und großartig, von den von enormen Putten gehaltenen Weihwasserbecken bis zu Berninis Baldachin (29 Meter). In der ersten Seitenkapelle des rechten Schiffs ist die von Michelangelo im Alter von 25 Jahren geschaffene *Pietà* zu bewundern. Seitlich vom letzten Pfeiler rechts sitzt auf einem Marmorthron die Bronzestatue des Apostels Petrus (13. Jahrhundert), dessen Fuß durch Küsse und Berührungen der Gläubigen blank ist.

In der Hauptapsis sieht man die barocke Verherrlichung der *Cathedra Petri*, Ausdruck von Berninis kreativem Geist (1656). Fast vollständig vergoldet enthält sie einen Holzstuhl, den Thron von Karl dem Kahlen (9. Jahrhundert), der lange für den Lehrstuhl von Petrus gehalten wurde. Zwischen der ersten und zweiten Kapelle im linken Schiff gelangt man zum Aufgang in die Kuppel des Michelangelo, die mit ihren 136 Metern Höhe und 42 Metern Durchmesser das Symbol schlechthin des Petersdoms ist und eines der Wahrzeichen Roms.

100-101 EINE VOM PAPST AM OSTERSONNTAG ZELEBRIERTE MESSE AUF DEM PETERSPLATZ MITZUERLEBEN IST EIN AUSSERGEWÖHNLICHES ERLEBNIS. DANN IST DER GANZE PLATZ VOLL VON GLÄUBIGEN, DIE AUS DER GANZEN WELT ANREISEN, WIE ES AUCH 2008 DER FALL WAR, ALS BENEDIKT XVI. DIE ZEREMONIE VOR EINER UNGLAUBLICHEN MENSCHENMENGE ABHIELT.

Im Petersdom finden die wichtigsten Veranstaltungen der katholischen Welt statt. Jeden Sonntag versammeln sich auf dem gewaltigen Platz Tausende von Gläubigen zum Angelusgebet, um die Worte des Papstes zu vernehmen, den Blick auf die Fenster der päpstlichen Gemächer gerichtet: Vom mittleren aus erteilt der Papst den Anwesenden den Angelussegen.

Von den großartigen Veranstaltungen war besonders die Begegnung des Papstes mit den Jugendlichen bemerkenswert, die anlässlich des Weltjugendtags in den vergangenen Jahren Rom und den Vatikan bevölkert haben. Bewegend sind die alljährlich wiederkehrenden Zeremonien im Petersdom selbst, die an den größten Feiertagen des liturgischen Kalenders stattfinden. Besonders feierlich sind natürlich die Zeremonien zum Weihnachts- und Osterfest, die Riten der Karwoche sowie der Beginn und Abschluss der Jubeljahre. Eines der Rituale der Gründonnerstagszeremonie ist die *Messa in Coena Domini*, bei der des letzten Abendmahls Jesu gedacht und das Triduum Sacrum eingeleitet wird (in den letzten Jahren allerdings fand diese in der Lateranbasilika statt): Bei der rituellen Fußwaschung am Ende der Messe wäscht der Papst den Kardinälen die Füße und erneuert so die von Jesus erbrachte Geste der Demut, als er am Ende des letzten Abendmahls die Füße der Apostel wusch. Die an Weihnachten um Mitternacht gesungene Christmette ist sehr feierlich, ebenso die Weihe der Priester.

Die Ereignisse im April 2005 haben eine große Menge von Gläubigen zum Petersdom geführt, hervorzuheben sind dabei vor allem die Feierlichkeiten zur Beisetzung von Johannes Paul II. Dieser große polnische Papst, der als Pilger durch die ganze Welt reiste, um auch die Ärmsten der Erde zu erreichen und ihnen Trost zu spenden, hat mit seinem Charisma die gesamte Glaubensgemeinschaft fasziniert. Mit dem Ruf eines Heiligen übergab er am 2. April 2005 seinen von Krankheit gezeichneten Körper der Umarmung des Gottvaters. Aus allen Teilen der Welt reisten Gläubige an, um in tiefer Andacht und Ergriffenheit zu beten und ihn auf seiner letzten Reise zu begleiten. Unter ebenso großer Beteiligung fanden der erste öffentliche Auftritt und die erste heilige Messe seines Nachfolgers Benedikt XVI. statt.

102-103 Vom mittleren Balkon der päpstlichen Gemächer aus erteilt Papst Benedikt XVI. den zahlreich auf dem Petersplatz erschienenen Gläubigen den Segen Urbi et Orbi.

104-105 BEI EINER GENERALAUDIENZ AUF DEM PETERSPLATZ
STRECKEN ZAHLLOSE GLÄUBIGE PAPST BENEDIKT XVI. IHRE HAND
ENTGEGEN, DEM EIN LEBENDIGER KONTAKT ZU DEN GLÄUBIGEN
WICHTIG IST — AUCH DURCH PERSÖNLICHE BEGEGNUNGEN UND EIN
BAD IN DER MENGE WIE HIER.

105 JEDEN SONNTAG, WENN DER PAPST DIE MESSE ZELEBRIERT,
SEINE PREDIGT HÄLT UND DEN SEGEN ERTEILT, WIEDERHOLEN
SICH AUF DEM PETERSPLATZ SZENEN DER HINGABE UND
BEGEISTERUNG.

106 Bei den Gründonnerstagszeremonien findet am Ende der *Messa in Coena Domini* die rituelle Fusswaschung statt. Der Papst wäscht dann die Füsse der Kardinäle und erneuert so die Geste der Demut, die Jesus beim letzten Abendmahl vollzog.

106-107 Die im Petersdom selbst stattfindenden Zeremonien sind etwas ganz Besonderes; im Mittelpunkt der Feierlichkeiten steht der Baldachin, ein barockes Meisterwerk von Bernini. Mit besonderem Prunk werden die Zeremonien anlässlich von Heiligsprechungen begangen.

108-109 Im Verlauf der Zeremonien anlässlich der Priester- und Diakonenweihen werfen sich diese zu Boden als Zeichen der Demut und Unterwerfung unter Gott und die päpstliche Autorität.

DIE STÄTTEN DES PADRE PIO IN SAN GIOVANNI ROTONDO

Der Heilige mit den Stigmata

Die Kirche und das Kloster Santa Maria delle Grazie von San Giovanni Rotondo, einem kleinen Städtchen 38 Kilometer von Foggia entfernt, wurden 1538 gegründet und zwei Jahre später von Kapuzinermönchen übernommen. Der Klosterkomplex ist verbunden mit dem Namen von Pater Pio von Pietrelcina, dem Heiligen mit den Stigmata, der hier bis zu seinem Tod am 23. September 1968 lebte. Der Komplex umfasst verschiedene heilige Gebäude, darunter die 1676 eingeweihte alte Kirche (1540), in der sich ein Ölgemälde aus dem 16. Jahrhundert mit dem Bild der Madonna delle Grazie, der Schutzheiligen von San Giovanni Rotondo, befindet. Interessant sind der dem heiligen Franziskus geweihte Altar, an dem Pater Pio von 1945 bis 1959 die heilige Messe feierte, der Beichtstuhl, wo er ab 1935 bis zu seinem Tod Frauen die Beichte abnahm und der Chor mit dem Kreuz, vor dem er 1918 die Stigmata erhielt.

Die dreischiffige neue Basilika wurde zwischen 1955 und 1959 errichtet, in ihrer Apsis befindet sich das große Mosaik mit der von Engeln umgebenen Madonna delle Grazie. In der Mitte des Hochaltarraums steht der Altar, an dem Pater Pio von 1959 bis zu seinem Tod die heilige Messe feierte.

Die Wallfahrtskirche San Pio da Pietrelcina wurde zwischen 1994 und 2004 nach dem Entwurf des Architekten Renzo Piano errichtet. Der Bau war notwendig geworden, um den immer größer werdenden Strom an Gläubigen, jährlich mehr als sechs Millionen, aufnehmen zu können. Das 6.000 Quadratmeter umfassende und in zwei durch eine Wendeltreppe verbundene Bereiche aufgeteilte Gotteshaus zeigt sich mit den Materialien Glas, Stahl und Sichtbeton in avantgardistischen und rationalistischen Linien nüchtern und aufs Wesentliche beschränkt. Innen öffnet sich die von Papst Benedikt XVI. am 21. Juni 2009 eingeweihte Krypta: In der mit massivem Gold ausgekleideten Krypta befindet sich der Leichnam von Pater Pio in einem Kristallsarg. Auf der Zugangsrampe zur Kirche öffnen sich 36 Nischen, die auf der linken Seite das Leben des heiligen Franziskus und auf der rechten das von Pater Pio darstellen. Am Ende der Rampe gelangt der Pilger an die Schwelle zur unteren Kirche, wo ihn Bilder über das Leben Jesu Christi empfangen. Sechzehn Szenen sind es, die als wegweisend für das Leben von Franziskus und von Pater Pio ausgewählt wurden.

Ein kleiner, strahlend weißer Zug, der *Trenino del Pellegrino*, verbindet die wichtigsten Punkte von San Giovanni Rotondo und bietet den Pilgern eine gute Möglichkeit, den Spuren Pater Pios zu folgen. Insbesondere vereint er das neue Stadtgebiet, in dem sich die neue Kirche befindet, mit der Altstadt, wo man das Museum von Pater Pio besuchen kann: Aus Wachs geformt werden den Besuchern zehn Szenen präsentiert, die die wichtigsten Momente im Leben und Werk des Heiligen darstellen; die Figuren hinterlassen beim Betrachter eine tiefe Wirkung. Viele Pilger folgen auch der Via Crucis, die sich an den Hängen des Monte Castello hinaufzieht; entlang des Weges stehen zwischen Pinien die Statuen von Pater Pio, der Muttergottes und des auferstandenen Jesu, alles Werke von Francesco Messina.

An der langen, die beiden Stadtbereiche verbindenden Viale Cappuccini, aber auch im Ort selbst, gibt es für die vielen Pilger zahlreiche religiöse Gästehäuser. Nahe des Klosters steht das Krankenhaus Casa Sollievo della Sofferenza, das auf Bestreben Pater Pios hin errichtet wurde und eine der modernsten Kliniken Süditaliens ist. Neben den zahlreichen täglichen Gottesdiensten finden Aufführungen und viele Feste statt, insbesondere zu Ehren der Muttergottes und des Heiligen mit dem Stigmata, außerdem Fackelzüge und Gebetsnächte.

111 PATER PIO VON PIETRELCINA, DER „HEILIGE MIT DEN STIGMATA", LEBTE VON 1916 BIS ZU SEINEM TOD AM 23. SEPTEMBER 1968 IM KLOSTERKOMPLEX SANTA MARIA DELLE GRAZIE IN SAN GIOVANNI ROTONDO, WO DIE ZAHL DER PILGER, DIE HIERHER EINE WALLFAHRT UNTERNEHMEN, STEIGT.

112-113 Der Platz vor dem grossen Klosterkomplex Santa Maria delle Grazie füllt sich anlässlich hier zelebrierter Feierlichkeiten mit Gläubigen, wie beispielsweise bei der vom 14. bis 23. September stattfindende Novene für die Stigmata und die letzte Reise von Pater Pio; dazu gehören Luftballons, Fackelzüge und Gebetswachen.

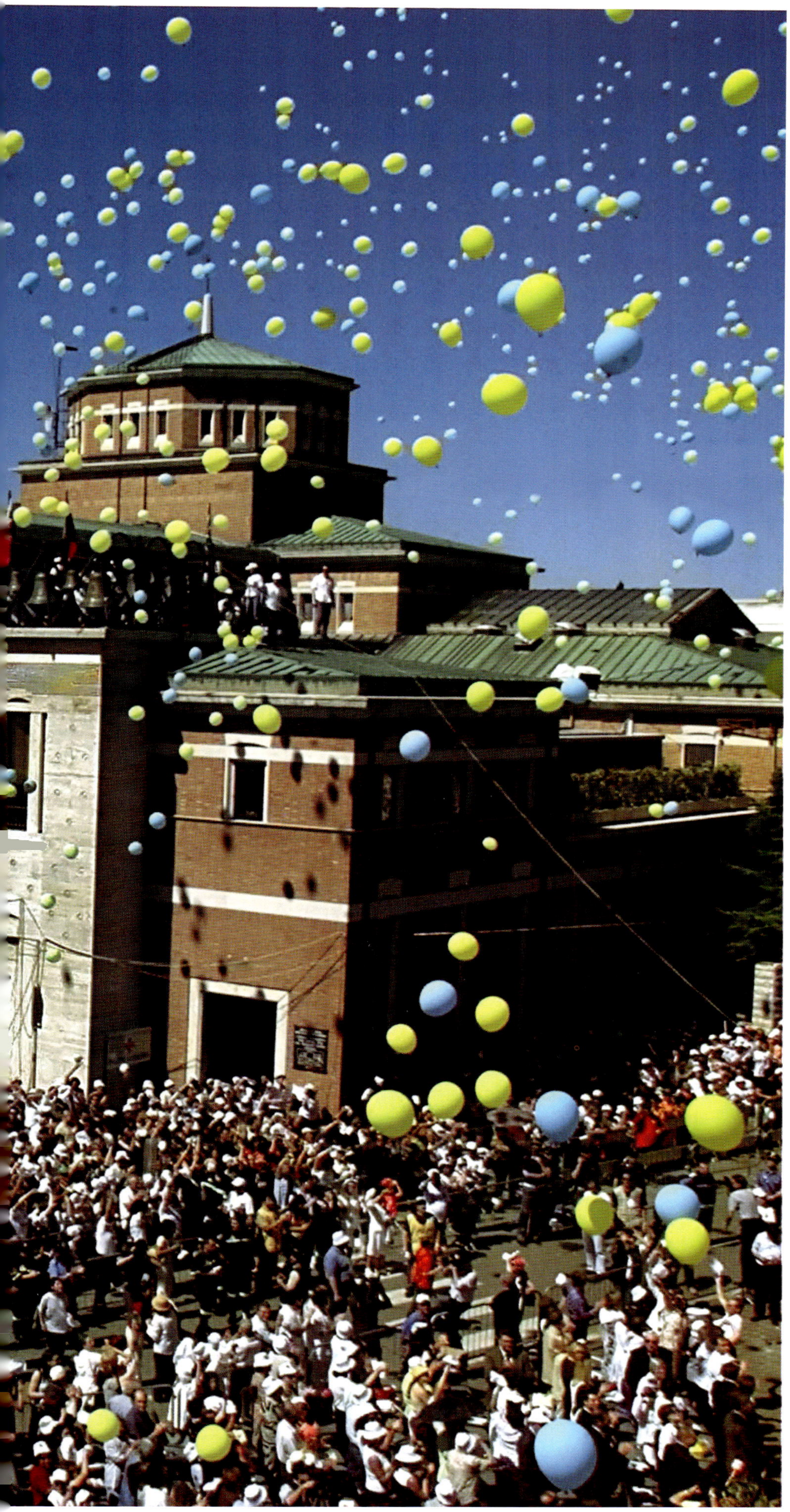

113 oben Viele Gläubige erklimmen die Stufen vor dem Kloster Santa Maria delle Grazie auf Knien, um so für ihre Sünden zu büssen und den Schutz des Heiligen mit den Stigmata zu erbitten.

113 unten Vor der neuen, nach Plänen von Renzo Piano gebauten Kirche wohnt eine riesige Menschenmenge der von Papst Benedikt XVI. anlässlich seines Besuches in San Giovanni Rotondo im Juni 2009 zelebrierten Messe bei.

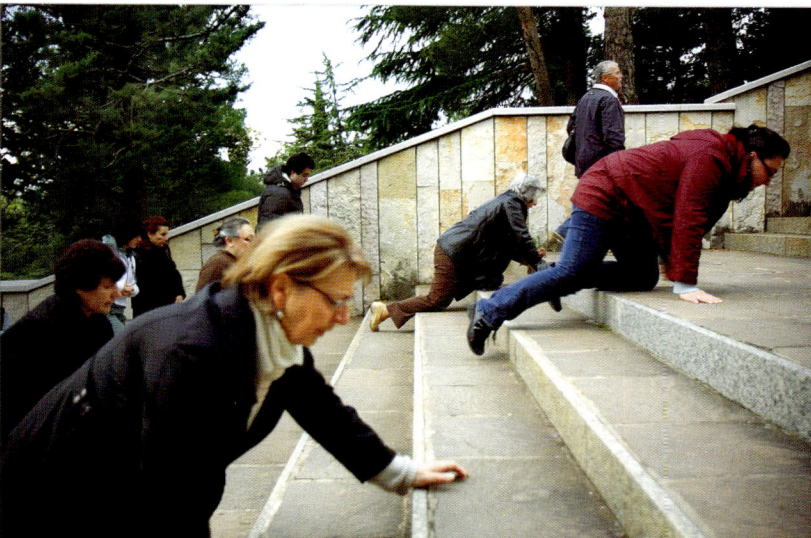

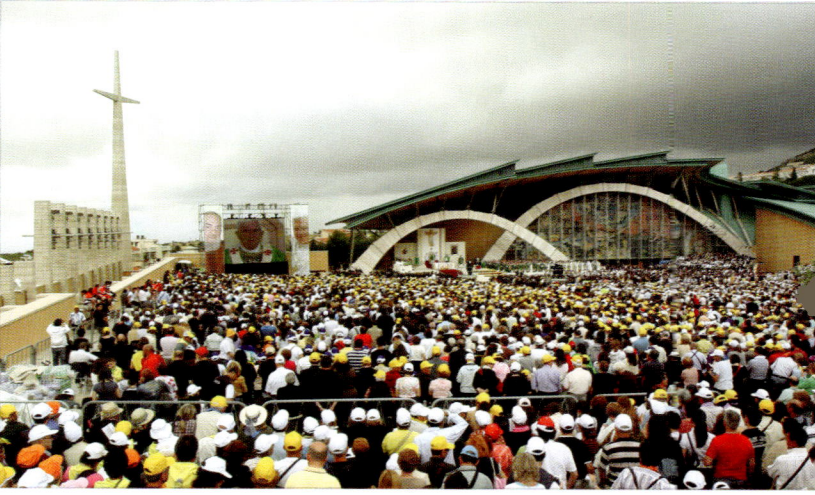

114 DIE BRONZESTATUE VON PATER PIO IN DER KIRCHE SANTA
MARIA DELLE GRAZIE IST GEGENSTAND GROSSER ANBETUNG, IN
VERZÜCKTER KONTEMPLATION SCHAREN SICH DIE GLÄUBIGEN UM
SEINE FÜSSE UND BITTEN UM HEILUNG VON SCHMERZ UND
KRANKHEIT.

114-115 ES SIND VOR ALLEM DIE HÄNDE DER HEILIGENSTATUE,
AN DENEN MAN DIE STIGMATA SIEHT, DIE IN TIEFER LEIDENSCHAFT
VON DENEN DER GLÄUBIGEN GEDRÜCKT WERDEN.

116-117 IM WINTER IST DIE ATMOSPHÄRE, DIE DAS KLOSTER DES HEILIGEN SERGIUS IN SERGIJEW POSSAD UMGIBT, NOCH INTENSIVER UND STIMMUNGSVOLLER. SCHNEE UND KÄLTE HALTEN GLÄUBIGE NICHT DAVON AB, AN DIESEN HEILIGEN ORT ZU PILGERN, EINEN DER WICHTIGSTEN AUF DEM GOLDENEN RING.

DAS KLOSTER
VON SERGIJEW POSSAD

Das orthodoxe Lourdes

Im Nordosten von Moskau liegt die Stadt Sergijew Possad, die zu Ehren eines 1919 ermordeten Revolutionärs von 1930 bis zur Auflösung der Sowjetunion 1991 Sagorsk hieß. Die Stadt ist einer der Ausgangspunkte für die weitläufige Rundreise um Moskau, den Goldenen Ring, und so ist das dortige Dreifaltigkeitskloster mit seinen wertvollen Gebäuden als Wallfahrtsort und Herz der russisch-orthodoxen Spiritualität, in ganz Russland bekannt. Auf Geheiß des Heiligen, dessen Namen es trägt – eine Art lokaler heiliger Franziskus –, wurde es im Jahr 1357 gegründet; es ist neben denen in Kiew, Wolhynien und Sankt Petersburg eine der vier *Lawras*, der bedeutendsten Klöster des Landes.

Im Herzen des Klosters, in der Mariä-Entschlafens-Kathedrale (oder Mariä-Himmelfahrts-Kathedrale), die Iwan der Schreckliche bauen ließ (1559), um den Sieg über das tatarische Khanat Kasan zu feiern, tragen die Heiligen auf den Ikonen und Fresken den typisch starren und beunruhigenden Gesichtsausdruck, der den orthodoxen Heiligen eigen ist. Die Gläubigen begrüßen die Ikonen mit Kreuzzeichen, fallen vor ihnen auf die Knie und berühren mit der Stirn den Boden. In glühendem religiösen Eifer, fast wie besessen, beginnen sie dann den mit Glas bedeckten Ikonenschrein zu küssen. Am Ende der komplexen und spektakulären Liturgie umringen sie den zelebrierenden Mönch mit seinem wallenden Bart, küssen seine beringte Hand und das schwere Goldkreuz auf seiner Brust und werfen sich ihm zu Füßen, um mit den Lippen das mit Perlen geschmückte Sticharion zu berühren. Die Ikonostase der Kathedrale beinhaltet Originalwerke des berühmten Moskauer Malers Simon Uschakow. An der Nordwestwand des Gebäudes befindet sich die Familiengruft der Godunows, in der Zar Boris Gudonow sowie seine Frau und zwei Kinder beigesetzt sind.

Innerhalb der Brunnenkapelle aus dem 17. Jahrhundert befindet sich die Quelle des „heiligen Wassers", das von den Gläubigen in Flaschen gefüllt werden kann, was Sergijew Possad wie ein orthodoxes Lourdes wirken lässt.

Der Gebäudekomplex mit dem Refektorium (1686-92) und der Sergius-Kirche ist der prächtigste Bereich des gesamten Klosters. Außen zieren ihn spiralförmige Säulen und Weinrankenmotive, innen befindet sich der 8 Meter hohe und 84 Meter lange Zeremoniensaal, der kostbar mit Fresken ausgestaltet ist.

Die Dreifaltigkeitskathedrale (1422-23) mit einer einzigen, von vier Pfeilern getragenen Kuppel weist eine Fassade auf, die durch vertikale Lisenen gegliedert ist, die in Ornamentfriesen auslaufen (Sakomary).

Im Innenraum findet man Fresken von Andrej Rubljov und Daniil Tschornyj, die barocke Ikonostase mit 42 Ikonen sowie die Urne des heiligen Sergius aus Silber. Der nach Plänen von Bartolomeo Rastrelli in elegantem italienischem Barock errichtete Glockenturm ist mit seinen 88 Metern der höchste Russlands.

Die Kirche der Gottesmutter von Smolensk (1745-53) ist im Stil des Petersburger Barock gebaut und hat einen achteckigen Grundriss; hier befindet sich die Ikone der Gottesmutter Hodegetria.

Archimandrit (Vorsteher des Klosters) ist der Patriarch Moskaus und ganz Russlands. In Wirklichkeit aber untersteht die Leitung des Klosters einem anderen Archimandriten, der hier lebt und die Aufsicht über diese Klostergemeinschaft führt, die unter spirituellen Gesichtspunkten die wichtigste des Landes ist. Hier finden die Konzile der russisch-orthodoxen Kirche und andere wichtige Begegnungen der Geistlichkeit statt. in der Karwoche, in der täglich eine Prozession durchgeführt wird, finden feierliche Zeremonien statt.

Am Weißen Sonntag trägt ein Mönch das Artos (ein spezielles während der Karwoche gesegnetes Brot) in einer Prozession um die Sergius-Kirche; hier wird das heilige Wasser gesegnet und dann unter den Gläubigen verteilt.

Der liturgische Tag der 300 Brüder der *Lawra* beginnt um fünf Uhr morgens mit dem Gebet vor dem Bild des heiligen Sergius. Im Winter wird die Zeremonie in der Sergius-Kirche abgehalten, im Sommer in der Mariä-Entschlafens-Kathedrale.

Neben der Zubereitung des eucharistischen Brots restaurieren die Mönche antike Bücher und malen Ikonen. Im Gästehaus des Klosters werden Pilger und Gläubige aufgenommen.

118 EIN VIEL BESUCHTER ORT IM DREIFALTIGKEITSKLOSTER IST DIE KLEINE KIRCHE DER BEIDEN HEILIGEN ZOSMA UND SAWWATI, DIE VON DEN ORTHODOXEN SEHR VEREHRT WERDEN.

118-119 In der strahlend weissen Dreifaltigkeitskathedrale, die Teil des Klosterkomplexes ist, wird die silberne Urne des heiligen Sergius aufbewahrt.

120 Während einer Wallfahrt in Sergiew Possad schart sich eine Gruppe Pilger als Zeichen der Ehrerbietung um einen Popen des Dreifaltigkeitsklosters und bittet um seinen Segen. Die Stadt hiess von 1930 bis 1991 Sagorsk, nach dem 1919 ermordeten Revolutionär. Seit der Auflösung der Sowjetunion 1991 trägt sie aber wieder ihren alten Namen.

120-121 Eine unglaubliche Zahl an Gläubigen und Geistlichen findet sich in das Kloster ein, wenn die Prozession zu Ehren des heiligen Sergius stattfindet. An ihr nehmen auch orthodoxe Nonnen teil, gekleidet mit schwarzen Gewändern und der charakteristischen hohen, steifen Kopfbedeckung mit dem langem Schleier. Eine gute Gelegenheit, die russisch-orthodoxe Spiritualität zu erleben.

122-123 Besonders stimmungsvoll und feierlich ist
die vom Patriarchen der russisch-orthodoxen
Kirche zelebrierte Messe während der Feierlichkeiten
zu Ehren des heiligen Sergius.

124-125 Czestochowa, auf Deutsch Tschenstochau, 220 Kilometer von Warschau entfernt, ist seit dem 14. Jahrhundert eines der wichtigsten Marienheiligtümer der christlichen Welt, vergleichbar mit Lourdes, Fátima, Medjugorje oder Loreto. Jährlich strömen unzählige Pilger hierher, die sich auf dem grossen Platz versammeln, der von einem Holzkreuz überragt wird.

JASNA GÓRA – DAS HEILIGTUM VON TSCHENSTOCHAU

Die Schwarze Madonna, „Königin von Polen"

Seit dem frühen Mittelalter zogen die „Marienpilger" über die unwegsamen und unsicheren Straßen des europäischen Ostens zu den Klöstern und Basiliken, in denen die Muttergottes mit Hingabe verehrt wurde.

Tschenstochau liegt etwa 220 Kilometer südwestlich von Warschau entfernt am linken Ufer der Warthe. Es ist seit dem 14. Jahrhundert einer der bedeutendsten Pilgerziele der gesamten christlichen Welt; mit jährlich fünf Millionen Pilgern – viele kommen wie früher zu Fuß – kann es sich ohne weiteres mit Lourdes, Fátima, Medugorje und Loreto messen.

Wladislaus II., Herzog von Oppeln, war es, der 1382 das Bild der „Schwarzen Madonna mit dem Kind im Arm" dem Kloster übergab, das er auf einer Anhöhe im westlichen Teil von Tschenstochau für die von ihm nach Polen gerufenen ungarischen Paulinermönche errichten ließ. Der Legende nach soll die mittelalterlich-byzantinische Ikone ein Werk des heiligen Lukas sein, der – er lebte zur selben Zeit wie Maria – ihr wahres Gesicht abgebildet haben soll. Die Gläubigen sind wie entrückt durch den intensiven Blick der Schwarzen Madonna. Das auf Zypressenholz gemalte und mit Silber und Gold überzogene Antlitz der Maria (die 1717 in den Rang einer „Königin von Polen" erhoben wurde) wird in der Gnadenkapelle bewahrt, an die sich die Basilika des Klosters, die Kirche des Heiligen Kreuzes und der Geburt Mariens, anschließt.

Die Stadt entwickelte sich rings um die Klosteranlage, die schon bald zur größten Wallfahrtsstätte Polens wurde. 1430 wurde das Kloster geplündert und die Ikone geschändet. Im 17. Jahrhundert wurde die Anlage mit einer Schutzmauer umgeben. Als Klosterfestung konnte sie sich unter anderem 1809 dem Angriff der Österreicher widersetzen, vier Jahre später musste sie sich allerdings dem russischen Heer ergeben.

Während der Besetzung durch die Nationalsozialisten hatte Hitler Wallfahrten nach Tschenstochau verboten, viele Polen aber unternahmen sie heimlich. 1945, nach der Befreiung des Landes, suchten eine halbe Million Gläubige aus Dankbarkeit das Gnadenbild der Muttergottes im Kloster auf, das in der Zeit des Kalten Krieges ein Zentrum des antikommunistischen Widerstands war.

Das auf einer Anhöhe aus hellem Stein gebaute Heiligtum Jasna Góra (Heller Berg) umschließt zahlreiche Gebäude, darunter sticht vor allem die dreischiffige

JASNOGÓRSKA MATKO - TOBIE ZAWIERZAMY WOLNA POLSKE

126-127 Viele Jugendliche kommen nach Tschenstochau, um der Schwarzen Madonna, die in der Wallfahrtsstätte Jasna Gora (heller Berg) bewahrt wird, die Ehre zu erweisen. Einige von ihnen werfen sich zu Boden als Zeichen ihrer Hingabe, wodurch eine buntgefleckte Fläche entsteht.

gotische Basilika des Heiligen Kreuzes und der Geburt Mariens mit dem 106,30 Meter hohen Glockenturm hervor, die zu Beginn des 15. Jahrhunderts gebaut und später mehrfach umgestaltet wurde. Der im 17. Jahrhundert mit Barockelementen ausgestaltete Innenraum ist mit marmorierten Stuckelementen verziert. Es gibt in der Schatzkammer unzählige Weihegaben von Pilgern, darunter Votivbilder, Monstranzen, Kelche und Schmuck aus Gold und Silber, aber auch Textilien und Porzellan. An der Südseite der Basilika öffnet sich der Kreuzgang, der traditionell für die Beichte und Kommunion genutzt wird, vor allem während der großen Wallfahrten zwischen Juni und September.

Die meisten Pilger kommen um den 15. August, teilweise wandern sie auf den mehr als 50 Pilgerwegen Hunderte von Kilometern durch ganz Polen. Der längste ist fast 600 Kilometer lang; die berühmteren sind jene, die in Warschau (243 Kilometer in neun Etappen, vom 6. bis 14. August) und in Krakau (150 Kilometer

in sechs Etappen, vom 6. bis 11. August) starten. Die älteste Wallfahrt, die schon seit 1711 durchgeführt wird, beginnt in Warschau und erreicht Tschenstochau am 15. August.

Der Festkalender des Mariensanktuariums ist umfangreich. Besonders feierlich werden die größten Gedenktage gefeiert, die mit dem Marienkult verbunden sind, wie das Fest der Maria, Königin von Polen (3. Mai), Mariä Himmelfahrt (15. August), die Schwarze Madonna (26. August), die Madonna des Rosenkranzes (erster Sonntag im Oktober) und die Unbefleckte Empfängnis (8. Dezember).

127 PILGER JEDEN ALTERS, DIE ZU FUSS AUS ALLEN TEILEN POLENS KOMMEN, SCHAREN SICH BETEND UM DIE PRIESTER, DIE SIE MIT LANGSTIELIGEN, ROTEN NELKEN IN DER HAND SEGNEN. ES IST EINE FRÖHLICHE UND AUSGELASSENE MENGE, DIE DIE MUTTERGOTTES UND IHRE GNADE ANRUFT.

128 Viele Pilger tragen eine Ikone der Schwarzen Madonna, deren Original sich in der Gnadenkapelle befindet, die sich an die Basilika des Klosterkomplexes anschließt.

129 In der bewegenden Prozession um die Wallfahrtsstätte stechen die jungen polnischen Frauen in ihrer traditionellen Tracht, teilweise mit Kränzen aus Blüten und Blättern auf dem Kopf, hervor. Ausser dem Abbild der Muttergottes tragen sie auch Kreuze mit dem geschnitzten Gesicht Christi.

130-131 Das Gnadenbild der „Schwarzen Madonna mit dem Kinde" ist eine Ikone byzantinischer Schule, eine Spende von Herzog Wladislaus von Oppeln. 1717 wurde sie feierlich zur „Königin von Polen" gekrönt.

131 Die Gläubigen scharen sich um die Statue von Papst Johannes Paul II., berühmter Sohn dieses zutiefst katholischen Landes, der der hier verehrten Schwarzen Madonna sehr ergeben war.

DIE KIRCHE SANTA MARIA DE VICTORIA IN PRAG

Das wundertätige Jesuskind

Die in Prag im Viertel Malá Strana stehende Kirche Santa Maria de Victoria gehört mit jährlich fast einer halben Million Besuchern zu den beliebtesten Wallfahrtsstätten Europas. Hier steht die als *Prager Jesulein* bekannte Statue des Jesuskindes, die Prinzessin Polyxena von Lobkowitz im Jahr 1628 dem Prior des Ordens der Unbeschuhten Karmeliter aus Spanien mitgebracht hat. Die 47 Zentimeter hohe Figur aus Wachs soll der heiligen Teresa von Ávila gehört haben, der heiligen Mystikerin. Die Gesichtszüge der Statue jedenfalls weisen auf eine mögliche spanische Herkunft hin, ebenso die kostbaren, handgearbeiteten Stoffe, die der Mode der damaligen spanischen Höfe entsprechen. Ein kleiner, goldbestickter Mantel aus Seide umhüllt die Figur fast vollständig.

Dem *Prager Jesulein* werden Wundertaten zugeschrieben, auch gelten seine Kleider, die von Geistlichen nach einem festen Ritual ausgetauscht werden, als wundertätig. Aus großer Verehrung und dank der Arbeit des Ordens der Unbeschuhten Karmeliter der heiligen Teresa von Ávila ist die Jesusfigur Ziel von Pilgern aus der ganzen Welt.

Die Kirche Santa Maria de Victoria ist im Auftrag der deutschen Lutheraner (1611-13) gebaut worden. Sie wurde 1624 den Karmelitern zugesprochen, nachdem im Dreißigjährigen Krieg die böhmischen Protestanten unter König Friedrich V. (Winterkönig) in der Schlacht am Weißen Berg (8. November 1620) gegen Kaiser Ferdinand II. und die Katholische Liga eine Niederlage erlitten hatten.

Der gewölbte, nüchtern gehaltene Innenraum hat eine Apsis und an den Seiten flachrunde Nischen mit jeweils einem Altar. Das wundertätige Jesuskind befindet sich über dem mittleren Altar der rechten Seite. Die Katakomben der Kirche enthalten die sterblichen Überreste von Karmelitermönchen und Wohltätern, die aufgrund klimatischer Bedingungen mumifiziert sind.

Im rechts vom Hochaltar liegenden Raum sind einige kostbare, zur Sammlung des Heiligtums gehörende Stücke ausgestellt sowie 80 Hemdchen der Originalgarderobe der Jesusfigur. Auch viele silberne Votivgaben in Form kleiner Hände als Dank für erbrachte Gnade befinden sich hier.

Das Fest des *Prager Jesulein* wurde früher zwei Tage nach Ostern gefeiert im Gedenken daran, dass der Prager Weihbischof im Jahr 1655 der Jesusfigur eine goldenen Krone aufsetzte. Heute jedoch findet das Fest am ersten Sonntag im Mai statt. In regelmäßigen Abständen werden außerdem Novenen gefeiert, die aus an neun aufeinanderfolgenden Tagen durchgeführten besonderen spirituellen Ritualen und Gebeten bestehen. Not leidende Kinder werden mit dem kleinen Rosenkranzgebet bedacht, das während einer Erscheinung der ehrwürdigen Margareta offenbart wurde, einer Unbeschuhten Karmelitin, die im Karmel von Beaune in Frankreich lebte (1619-48).

Die Anbetung des *Prager Jesulein* verbreitete sich europaweit, so auch in Italien, wo vor allem die 1905 in Arenzano eingeweihte Basilika für die Prager-Jesuskind-Verehrung von Bedeutung ist.

133 Die Kirche Santa Maria de Victoria wacht über die Statue des *Prager Jesulein*, die einst Teresa von Ávila gehört hatte. Die nur 47 Zentimeter hohe Figur ist in kostbare Gewänder gehüllt, die ebenfalls als wundertätig gelten.

134 Nonnen tauschen nach einem über die Jahre unverändert gebliebenen Ritual regelmässig die Kleider des *Prager Jesulein* aus.

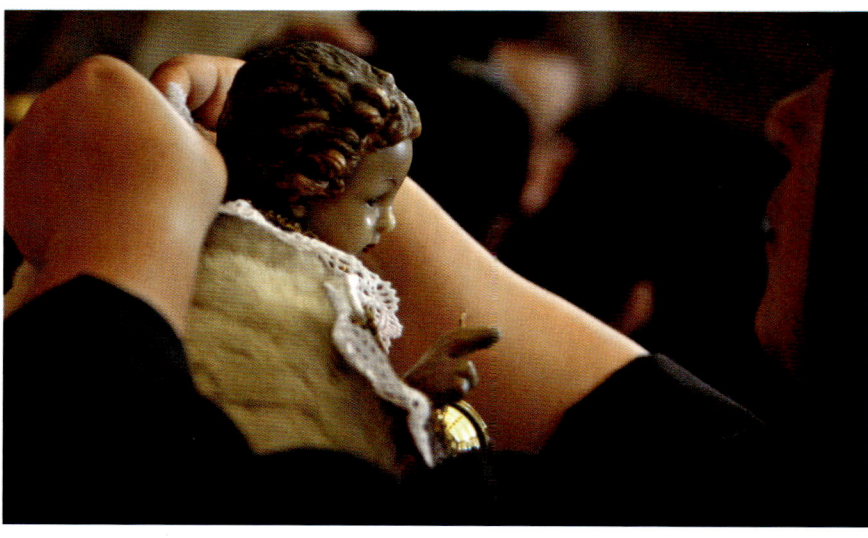

134-135 Zahllose Gläubige nahmen an den Feierlichkeiten anlässlich des Besuchs von Papst Benedikt XVI. in der Kirche Santa Maria de Victoria teil. Viele von ihnen trugen dabei wundertätige Bildnisse des *Prager Jesulein* bei sich.

DIE WALLFAHRTSSTÄTTE VON MEDJUGORJE

Die jüngsten Marienerscheinungen

Im südlichen Bosnien und Herzegowina liegt der zur Gemeinde von Citluk gehörende kleine Ort Medjugorj, dessen Name in etwa „zwischen den Bergen" bedeutet; er liegt zwischen den zwei Anhöhen Krizevac und Podbrdo. Auf Letzterer begannen am 24. Juni 1981 gegen sechs Uhr abends die Erscheinungen der Muttergottes (Gospa, wie sie hier genannt wird), die sich als „die Königin des Friedens" zeigte (Kraljica Mira).

Die ersten, die die Frau mit dem sanften, von einem leuchtenden Strahlen umgebenen Gesicht und dem Jesuskind im Arm sahen, waren sechs Kinder und Jugendliche zwischen 10 und 16 Jahren. Ihren Berichten zufolge soll die Jungfrau während ihrer ersten Erscheinungen Botschaften verkündet haben, die sie der Menschheit mitteilen sollten: „Friede muss herrschen zwischen den Menschen und Gott und unter allen Menschen! ... Ohne den Glauben ist kein Frieden zu finden. Alle Menschen sollen beten ...". Außerdem soll sie fünf Wege zum inneren Frieden aufgezeigt haben: das Gebet, das Fasten, die Bibellektüre, die Beichte und die Eucharistie.

Zu Beginn zeigten sich die von wundersamen Heilungen begleiteten Erscheinungen, die nicht an den Ort Medjugorje gebunden waren, sondern an die Seher selbst, fast jedem von ihnen täglich. Heute wiederholen sie sich nur noch für einige täglich, immer aber überbringen sie eine Botschaft der Muttergottes für die Menschheit.

Die vom Vatikan mit der Untersuchung über die Echtheit dieser Erscheinungen beauftragte Kommission der Glaubenskongregation hat sich noch nicht abschließend dazu geäußert, ob sie als übernatürlich anzusehen sind. Gleich nach ihrem Bekanntwerden aber zogen die Ereignisse eine unglaubliche Zahl von Gläubigen hierher.

Zu Ehren der Muttergottes wurde die Kirche der Königin des Friedens errichtet, die heute von Franziskanermönchen geführt wird. Der Komplex besteht aus mehreren Gebäuden, die um die St.-Jakobus-Kirche angeordnet sind, deren weiße Fassade von zwei hohen Glockentürmen eingerahmt wird. 1989 wurde auf einem Gebiet, das 5.000 Menschen Platz bieten kann, ein Außenaltar errichtet. Jährlich kommen mehr als zwei Millionen Pilger hierher und nehmen an religiösen Veranstaltungen teil: an Fasten-, Gebets- und Schweigeseminaren

136-137 Die St.-Jakobus-Kirche ist das Ziel der Gläubigen, die zur Wallfahrtsstätte der Königin des Friedens nach Medjugorje pilgern. Viele kommen barfuss hierher und tragen dabei schwere Holzkreuze mit dem Bildnis des gekreuzigten Christus; als Zeichen der Hingabe kreisen sie um die Marienstatue.

DIE WALLFAHRTSSTÄTTE
VON MEDJUGORJE

sowie Rosenkranzgebeten auf dem Erscheinungshügel, Wanderungen auf der Via Crucis, Abendandachten und internationalen Gottesdiensten. Auch gibt es Begegnungen mit den Sehern selbst oder Pater Jozo Zovko, der Priester in Medjugorje war, als die Erscheinungen begannen.

Der Podbrdo, jene Anhöhe, auf der die ersten Visionen stattfanden, kann bestiegen werden. Ein blaues Kreuz ist dort aufgestellt, wo sich seit dem 4. Juli 1982 regelmäßig die Gebetsgruppe von Ivan Dragicevic trifft, einem der Seher. Ein Weg führt genau zu

dem Ort, an dem sich die ersten Erscheinungen vollzogen haben sollen; markiert ist er durch ein großes Holzkreuz. Entlang des Weges wurden 1989 mehrere Bronzerelieftafeln aufgestellt, die für die Geheimnisse des Rosenkranzes stehen.

Auch der Krizevac (Kreuzberg) kann bestiegen werden, auf dem ein achteinhalb Meter hohes Kreuz steht, in dessen Schnittpunkt sich Reliquien des Kreuzes Jesu befinden, ein Geschenk des Vatikans. Zum Fest der Kreuzerhöhung wird am ersten Sonntag nach Mariä Geburt die heilige Messe gefeiert.

138 VIELE PILGER BESCHREITEN BARFUSS DEN WEG, DER SIE AN GENAU DEN PUNKT FÜHRT, AN DEM DIE MUTTERGOTTES ERSCHIENEN WAR. HIER FALLEN SIE AUF DIE KNIE UND VERHARREN IN INNIGEM DIALOG MIT IHR.

139 WENN DIE PILGER DEN ERSCHEINUNGSORT DER MUTTERGOTTES ERREICHEN, ERLEBEN SIE MOMENTE TIEFER GEMÜTSREGUNG UND BEWEGENDER SPIRITUALITÄT.

140 Ein grosses mit immergrünem Laub verziertes Kreuz markiert den Ort, an dem sich die Erscheinungen zeigten. Hier verharren die Pilger betend auch bis zum Sonnenuntergang, dann zünden sie unzählige Kerzen an.

141 An der Stelle der Erscheinungen vollziehen die Gläubigen Gesten der Hingabe, die oft sehr bewegend sind. Viele nähern sich dem Kreuz und streifen ehrfurchtsvoll mit zitternder Hand die Füsse des Gekreuzigten.

DAS KLOSTER OSTROG

Juwel im Fels

Das Kloster Ostrog liegt im Herzen Montenegros in der Nähe von Danilovgrad und nordwestlich von der Hauptstadt Podgorica. Das zur serbisch-orthodoxen Kirche gehörende Bergkloster ist eine Perle des Glaubens, eingefasst in die schwindelerregende Felswand von Ostroska Greda, die steil in das darunterliegende Tal abfällt.

Der Klosterkomplex ist eine Insel der Spiritualität und des Friedens in einer überaus stimmungsvollen Umgebung; er scheint ein Werk des Allmächtigen selbst zu sein, so gewagt und wundervoll ist das Bauwerk. Das Weiß seiner mächtigen Mauern sticht aus dem Grau und Braun des Felsens heraus. Es setzt sich aus zwei Gebäudegruppen zusammen: dem oberen und dem unteren Kloster. Durch eine Baumreihe sind sie voneinander getrennt, durch einen Pfad und eine Straße aber miteinander verbunden. Als eine der meistbesuchten Wallfahrtsstätten auf dem gesamten Balkan ist das obere Kloster das bedeutsamere. Überragt wird es von einem sehr hohen Glockenturm. Zwischen 1923 und 1926 wurde der Klosterkomplex nach einem verheerenden Brand wieder aufgebaut. Einige wenige Abschnitte des alten Gebäudes sind noch erhalten, so zwei unterirdische Kirchen, die unter kunsthistorischen Gesichtspunkten wichtige Baudenkmäler darstellen, insbesondere wegen ihrer bedeutenden Fresken, die mittlerweile durch die Votivkerzen geschwärzt sind. Von großem Interesse sind die gegen Ende des 17. Jahrhunderts entstandenen Freskomalereien in der Kirche der Heiligen Einführung der Gottesgebärerin in den Tempel. Diejenigen der anderen Kirche, die dem heiligen Kreuz geweiht ist, befinden sich in einer sich zum höhergelegenen Teil des Klosters öffnenden Grotte. Sie wurden in den Jahren 1666 und 1667 von Meister Radul fertiggestellt, einem der damals engagiertesten Künstler, der überaus große Geschicklichkeit darin bewies, die Fresken den natürlichen Formen der Felsen anzupassen.

Das Kloster wurde im 17. Jahrhundert von Basilius von Ostrog (Vasilije Ostroski) gegründet, nicht zu verwechseln mit dem griechischen Bischof und Kirchenlehrer Basilius dem Großen (329-379) oder mit Basilius dem Seligen (1468-1552 oder 1557), einem Heiligen der russisch-orthodoxen Kirche, dem die Basilius-Kathedrale in Moskau geweiht ist. Zahlreiche Legenden ranken sich um die Figur des Basilius von Ostrog: So soll er sieben Jahre nach seinem Tod dem Hegumenos (Klostervorsteher) zweimal im Traum erschienen sein und ihn gebeten haben, sein Grab abzudecken. Dieser soll seinen Mitbrüdern die nächtlichen Visionen erst nach der dritten Erscheinung mitgeteilt haben und bei der gemeinsamen Öffnung des Bischofsgrabs sollen sie dessen Leichnam unversehrt vorgefunden haben.

Seit damals werden die später heiliggesprochenen sterblichen Überreste des Basilius von Ostrog in der unterirdischen, dem Tempelgang der Maria geweihten Kirche in einem Reliquienschrein aufbewahrt. Sie sind Gegenstand tiefer Verehrung; noch heute steigen viele Pilger barfuß und betend die steilen Treppen hinauf, die das Kloster mit dem Talboden verbinden. Der 24. April, der Gedenktag des Heiligen, wird mit feierlichen Gottesdiensten begangen. Auch die zu Pfingsten stattfindenden feierlichen Zeremonien ziehen viele Pilger an.

Der Leichnam des heiligen Basilius soll wundertätige Eigenschaften besitzen: Im Laufe der Jahrhunderte soll es bei einigen, die sich betend an ihn gewandt haben, zu Wunderheilungen gekommen sein. Es ist auch von einem weiteren außergewöhnlichen Ereignis die Rede: An dem Ort, wo der heilige Basilius starb, spross ein Weinstock, der noch heute trotz des kargen Bodens Früchte trägt. Außerdem soll das Weihwasser von Ostrog wundertätige Eigenschaften besitzen. Viele Neugeborene, aber auch Erwachsene werden hier getauft und viele junge Paare lassen damit ihre Vermählung segnen, um den Schutz des Heiligen zu erhalten.

143 Eine steile Steintreppe führt hinauf zum Kloster Ostrog, das dem heiligen Basilius geweiht ist, dem Metropoliten von Herzegowina, dessen Leichnam hier aufbewahrt wird. Das spektakulär in den steilen Felsen gebaute Kloster bietet eine atemberaubende Aussicht.

144-145 Das matte Licht der Kerzen erleuchtet nur schwach die ältesten Bereiche des Klosters wie die unterirdische Kirche, die dem Tempelgang der Muttergottes geweiht ist. Auf den Wänden sieht man Spuren alter Fresken mit religiösen Motiven.

145 Anlässlich der Feierlichkeiten am 24. April zu Ehren des heiligen Basilius, dessen Leichnam wundertätige Eigenschaften nachgesagt werden, lesen die Mönche während der Mitternachtsmesse aus den Büchern der heiligen Liturgie.

146-147 Als theokratische Mönchsrepublik, zu der Frauen keinen Zugang haben, wird der Berg Athos ausschliesslich von Mönchen und Eremiten bewohnt, die den Regeln der orthodoxen Kirche folgen und in Askese meditieren und beten. Nur über das Meer gelangt man dorthin, von den kleinen Häfen aus gelangt man dann zu den Klöstern.

DIE KLÖSTER AUF DEM BERG ATHOS

Die theokratische Republik der Mönche

Die Schönheit der einzelnen Orte, der unvorstellbare Reichtum an Kunstschätzen in den Klöstern, das Gefühl, der Zeit und dem Raum enthoben zu sein, so als würde man noch im Mittelalter leben, die tiefe Religiosität und der verwurzelte Mystizismus der Mönche – all das macht den unvergleichlichen Zauber des Berges Athos aus.

Die kleine theokratische Republik, die auf dem östlichen Finger der Halbinsel von Chalkidiki im Norden Griechenlands liegt, besteht aus 20 Klöstern griechisch-orthodoxen Glaubens, in denen 1.500 Mönche leben.

Den heiligen Berg zu besuchen – ein Privileg, das ausschließlich Männern vorbehalten ist – bedeutet, sich eine Auszeit in absolutem Frieden zu gönnen. Der Lebensrhythmus des Mönchsalltags ist strengen Regeln und dem Lauf der Sonne unterworfen. Hier gilt noch die orthodoxe Zeitrechnung, derzufolge die Stunde null bei Sonnenaufgang beginnt, und statt des gregorianischen ist hier noch der julianischen Kalender gültig. Der Tagesablauf wird bestimmt durch Gebete, Andachten und Gottesdienste. Bei Einbruch der Dämmerung muss man in die Klöster zurückgekehrt sein, denn dann werden alle Tore des heiligen Berges verriegelt. Elektrisches Licht ist selten und Petroleumlampen oder Kerzen erhellen nur spärlich die mit Fresken verzierten Gemäuer.

Mit ihren langen, bis zu den Füßen reichenden schwarzen Kutten, der zylindrischen Kopfbedeckung und ihrem von einem dichten Bart gerahmten Gesicht sind die Mönche (die sich niemals rasieren oder die Haare schneiden) eine beeindruckende Erscheinung. Der *Archondaris*, der Empfangsmönch, ist für das Wohl der Pilger zuständig, sowohl in den größten Klöstern als auch in den abgelegensten Klausen. Neben einem Glas Wasser bietet er ein Loukoumi (eine mit Puderzucker bestreute Süßspeise aus Fruchtsirup), ein Glas Raki (starker Anisschnaps) sowie eine Tasse türkischen Mokka an. Diese Symbole der Gastfreundschaft bestätigen den offiziellen Einlass in die Klostergemeinschaft.

Ein Mönch schlägt das *Simantron*, ein hölzernes Schlagbrett, um die täglichen Gottesdienste anzukündigen: das Matutin, die eucharistische Liturgie, die Vesper, das Komplet sowie das Mitternachtsgebet, das Mesoniktikon, das sicherlich das eindrucksvollste ist. Mitten in der Nacht hört man die durchdringenden Schläge auf dem Simantron, zuerst die dumpfen Töne des hölzernen Schlägels, dann die helleren des metallenen.

148-149 Das Kloster Megisti Lavra (Grosses Kloster) ist das grösste, älteste und bedeutendste der zwanzig Klöster auf dem heiligen Berg. Das im südlichen Bereich der Halbinsel gelegene Kloster ist dem heiligen Athanasios Athonites geweiht, der es gründete und dann beim Bau der Kirche auf tragische Weise ums Leben kam.

Eine lange Prozession aus Mönchen in Kutten und schwarzen Tüchern, die teilweise ihr Gesicht verdecken, nehmen entsprechend der Hierarchie im Chorgestühl im Katholikon (Gotteshaus) Platz. Es herrscht eine mystische Atmosphäre, u. a. erzeugt durch die mächtigen Stimmen der Chorsänger.

Gemeinsam mit den Mönchen werden in den Refektorien die Mahlzeiten eingenommen. Besonders eindrucksvoll ist das im Jahr 963 durch den Mönch Athanasios gegründete Kloster Megisti Lavra, das einer befestigen Zitadelle gleicht, deren Mauern vollständig mit Fresken aus der ersten Hälfte des 16. Jahrhunderts bedeckt sind. Zu ganz speziellen Anlässen wird hier eine Süßspeise aus Weizenkörnern (Koliva) mit Waldkräutern, Rosinen und Nüssen serviert. In absoluter Stille erhebt sich die ruhige und starke Stimme des Vorbeters, der aus dem Leben der Heiligen liest und zur Meditation einlädt, um die Reise in das Ich auf der Suche nach dem Göttlichen zu vervollkommnen.

Von besonderer Ausstrahlung ist auch das Kloster Vatopedi (980), hier werden Ikonen aus dem 11. Jahrhundert bewahrt, eine hochwertige Ikonostase, ein kostbarer Schatz und eine beachtliche Bibliothek, die mit Miniaturen versehene Kodexe aus dem 12. Jahrhundert und Inkunabeln enthält.

149 OBEN DIE KIRCHE VON MEGISTI LAVRA IST EIN ZENTRALBAU MIT DEM GRUNDRISS EINES GRIECHISCHEN KREUZES. ES WURDE IM 15. JAHRHUNDERT DEM HEILIGEN ATHANASIOS GEWEIHT, DESSEN GRAB SICH IN DER KAPELLE DER 40 MÄRTYRER BEFINDET.

149 UNTEN DAS KLOSTER VATOPEDI, NACH MEGISTI LAVRA DAS ZWEITGRÖSSTE, BESITZT EINE REICHE SCHATZKAMMER UND EINE KOSTBARE BIBLIOTHEK.

150 Die grosse und wunderbare Ikone der Panagia Portaitissa (Gottesmutter von der Pforte) wird am 15. August auf eine Prozession geführt. Sie stellt die Maria mit dem Jesuskind dar. Die Gläubigen suchen ihre Berührung, um Schutz von ihr zu erlangen.

151 Die Menge der Gläubigen drängt sich mit mystischer Leidenschaft und tiefem Glauben um das Gnadenbild der Maria mit dem Kinde. Gebete und liturgische Gesänge erklingen zusammen mit laut ausgesprochenen Anrufungen der Anwesenden.

152-153 Die Mönche selbst bereiten die Mahlzeiten vor, wie dieser ältere Mönch hier, der sich in der grossen Küche des Klosters Megisti Lavra befindet. Die Zutaten sind einfach und stammen fast alle aus den von den Geistlichen unterhaltenen Gärten, ergänzt durch Fisch aus dem Meer rings um den Berg Athos.

153 OBEN IM KLOSTER MEGISTI LAVRA
WIRD DER TAGESABLAUF DURCH GEBETE
UND GOTTESDIENSTE BESTIMMT. EINER DER
MÖNCHE RUFT DIE MITBRÜDER ZUM GEBET,
INDEM ER MIT EINEM HOLZSCHLEGEL AUF
DAS *SIMANTRON* SCHLÄGT, EIN HÖLZERNES
SCHLAGBRETT, DAS EINEN TIEFEN TON ERZEUGT,
WENN MAN DARAUF SCHLÄGT.

153 UNTEN IN DIESER KLEINEN AUSSENKAPELLE
VOM KLOSTER VATOPEDI SPRUDELT REINSTES
WASSER, DAS DEN MÖNCHEN ALS TRINKWASSER
DIENT. IHR EINFACHES LEBEN VERBRINGEN SIE MIT
ARBEIT, DEM MALEN DER IKONEN UND VOR
ALLEM MIT GEBETEN UND MEDITATIONEN, DIE
BEREITS MITTEN IN DER NACHT BEGINNEN UND
BIS ZUM SONNENUNTERGANG DAUERN.

154 Majestätisch und erhaben liegt das Kloster Simonos Petras auf 270 Metern Höhe, wohin man über eine schwindelerregende zweibogige Brücke gelangt. Die spektakuläre Architektur erinnert an den Potala in Tibet.

154-155 Die Gründung des Klosters Simonos Petras geht der Legende nach bis ins 13. Jahrhundert zurück, als der Einsiedler Simon in der Weihnachtsnacht oberhalb des Felsens, unter dem seine Höhle war, einen leuchtenden Stern sah. Das Kloster ist der Geburt Jesu geweiht, die am 25. Dezember feierlich zelebriert wird.

METÉORA

Metaphysische Stadt aus Stein

Wahrzeichen des griechischen Mönchstums ist neben dem Berg Athos das Gebiet von Metéora, was etwa „in der Luft schwebend" bedeutet. Entstanden ist dieser Ort der Stille im Herzen Thessaliens in einer grandiosen und wilden Landschaft, die überzogen ist von Türmen und mehr als 400 Meter hohen Steilhängen, die vom Wetter durch Erosion geformt wurden. Die Felsenlandschaft entstand, als sich vor 60 Millionen Jahren das Meer zurückzog. Hoch auf ihren Gipfeln liegen die Metéora-Klöster.

Die Anfänge dieser der Zeit enthobenen Anlage aus Stein liegen im 11. Jahrhundert, als sich mehrere Einsiedler am Fuße des Felsens Doupiani zu einer Gemeinschaft zusammenschlossen. Im 14. Jahrhundert begannen die Zönobiten sich zu organisieren und aus einem großen Teil der Felsen wurden Cellae und Einsiedeleien. Anfangs hatte Metéora aufgrund der unzugänglichen und wilden Lage auch eine Verteidigungsfunktion: so waren die Bewohner vor Überfällen, vor allem vor den Invasionen der Türken geschützt.

Immer noch sind für die Mönche (und heute auch Nonnen) das Gebet und die Meditation die Hauptbetätigung. Sie kommen in der Kirche zusammen, um etwa sieben Stunden am Tag zu beten, sonntags und an Feiertagen sogar bis zu elf Stunden. Auf ihren Chorstühlen sitzend beten und singen sie, umgeben von den Anlitzen der auf Wandgemälden und Ikonen dargestellten Heiligen.

1382 gründete Athanasios das erste Kloster mit dem Namen Metamórphosis, auch bekannt als Megálo Metéoro. Er war es, der dem Felsen, auf dem das Gebäude steht, den Namen Metéoro gab, der im Begriff Metéora zum Ausdruck kommt. Athanasios setzte hier dieselben zönobitischen Regeln durch, die auf dem Berg Athos galten und jedes Wesen weiblichen Geschlechts ausschlossen, Tiere eingeschlossen. Mittlerweile ist das Verbot überholt, heute gibt es auch Frauenklöster. Das Kloster Metamórphosis ist mit 623 Meter Höhe das am höchsten gelegene. Eine Treppe führt zum Turm, in dem über einen Flaschenzug Lasten nach oben gezogen wurden. Die Kirche mit dem Grundriss eines griechischen Kreuzes hat im Innenraum kostbare Fresken aus dem 15. Jahrhundert, ähnlich denen der Klöster auf dem Berg Athos.

In der Blütezeit zwischen dem 15. und 16. Jahrhundert gab es bis zu 24 „Klöster der Luft". Heute sind nur sechs davon noch bewohnt, sie alle gehören zum UNESCO-Weltkulturerbe: Agios Stephanos, Agia Triada, Metamórphosis, Varlaam, Roussanou und Agios Nikolaos Anapafsas. Neben den beiden erst vor kurzem restaurierten Klöstern Ypapanti und Agios Nikólaos Bádovas gibt es eine ganze Reihe kleinerer Klosterbauten und in den Öffnungen der Monolithen verborgene Kapellen. Früher waren die Klöster nur über Sprossen- oder Strickleitern und mit Netzkörben an Flaschenzügen erreichbar. Seit 1922 sind sie untereinander durch in den Felsen gehauene Treppen und Brücken verbunden.

Im Kloster Agia Triada werden während der Karfreitagsmesse prächtige Paramente mit Goldstickereien verwendet. Beeindruckend sind im Kloster Varlaám neben den Fresken des bedeutenden Heiligenmalers Frankos Katelanos kretischer Schule (1548) und der wundervollen Ikonostase des 17. Jahrhunderts auch der Gewölbekeller samt der großen Fässer (16. Jahrhundert) sowie die Krankenstube mit der großen Kuppel. Gegenstand der Anbetung und Pilgerziel ist der Kopf des heiligen Märtyrers Charalampos, der seit 1398 im Katholikon des Klosters Agios Stephanos bewahrt wird. Das 1545 von zwei Brüdern aus dem Epirus gegründete Kloster Roussanou, das weit oben auf einer extrem schmalen Felsnadel thront, ist das spektakulärste von allen. Im Inneren der Kirche Metamorphosis (Christi Verklärung) sind wundervolle Wandmalereien zu bestaunen, die um 1560 von Ikonographen kretischer Schule angefertigt wurden. Faszinierend ist die Herstellung von Ikonen durch Mönche und Nonnen, die in den verschiedenen Klöstern leben.

157 Das Kloster Roussanou steht auf einer imposanten Felsnadel im mittleren Bereich der Klöster von Metéora. Die Kirche ist der Verklärung des Herrn geweiht und weist beachtliche Fresken aus dem Jahr 1560 auf. Die Mönche fertigen kostbare Ikonen an, die einen Siegel mit Doppeladler erhalten.

158-159 Das hoch auf einem Felsen gelegenen Kloster Agia Triada (1438) ist der Heiligen Dreifaltigkeit geweiht. Seit 1961 leben hier orthodoxe Mönche. Beeindruckend ist das dazugehörige Museum, in dem neben seltenen, mit Miniaturen versehenen Kodexe auch kostbare Paramente und Priestergewänder ausgestellt sind. Viele davon werden am Karfreitag während der Passion Christi verwendet.

159 OBEN DIE RUINEN DES KLOSTERS YPAPANTI
STRAHLEN EINE BESONDERE FASZINATION AUS. DIE
KLEINE, VOR EINER HOHEN FELSWAND LIEGENDE
EINSIEDELEI, BLICKT HINAB IN EINE ENDLOSE TIEFE.

159 UNTEN AN VIELEN STELLEN VON METÉORA
SIEHT MAN IN DEN FELSEN GEHAUENE HÖHLEN MIT
PRIMITIVEN HOLZHÜTTEN. DARIN ZOGEN SICH
ASKETEN ZURÜCK, UM IN ABSOLUTER EINSAMKEIT
ZU BETEN UND MEDITIEREN.

160-161 Viele der Mönche weisen ein grosses Geschick beim Malen von Ikonen auf. Sie reproduzieren mit grosser Präzision die berühmtesten Ikonen der Vergangenheit, die charakteristischen Sakralbilder der orthodoxen Ikonographie mit Darstellungen der Muttergottes, der Heiligen und Jesu.

162-163 In Kalambaka, am Fusse der Metéora-Klöster, steht auf einem niedrigen Hügel die Kathedrale Maria Entschlafung aus der ersten Hälfte des 12. Jahrhunderts. Im Inneren befinden sich zahlreiche kostbare Gemälde und Fresken (1573) sowie die marmorne Kanzel.

164-165 DIE GEISTLICHEN VON METÉORA SIND WIE ALLE
ORTHODOXEN MÖNCHE STRENG IN SCHWARZ GEKLEIDET, MIT
LANGEN, BIS ZU DEN FÜSSEN REICHENDEN KUTTEN. SIE WIDME[N]
EINEN GROSSEN TEIL IHRES TAGES DEM GEBET UND DER
MEDITATION, ABER AUCH VERSCHIEDENEN ZEREMONIEN;
DAS ANZÜNDEN VON KERZEN GEHÖRT MEIST DAZU.

ETSCHMIADSIN

Im Herzen der Armenischen Kirche

Nachdem die Apostel Bartholomäus und Judas Thaddäus im I. Jahrhundert das Christentum in Armenien verbreitet hatten, hat es über die Jahrhunderte die Geschichte des Landes und seines Volkes geprägt. Die Armenier waren die Ersten, die es als Staatsreligion übernahmen (301). Kirchen und Klöster bestimmten das Bild dieses wundervollen Landstriches, der sich am Fuße des Vulkanberges Ararat, der Wiege des Christentums, erstreckt; 1915 Ort eines grausamen Völkermordes durch die damalige türkische Regierung.

Unter den zahllosen religiösen Stätten sticht Etschmiadsin (Vagharschapat) heraus, eine kleine Stadt 20 Kilometer westlich von Jerewan (Eriwan), spiritueller Mittelpunkt Armeniens, Verwaltungssitz der gesamten armenisch-apostolischen Kirche und Sitz des Katholikos, des geistlichen Oberhauptes aller Armenier.

Die Kathedrale von Etschmiadsin („Ort, wo der eingeborene Sohn zur Erde herabstieg"), die 301 bis 303 von Gregor dem Erleuchter in Form einer Kuppelbasilika errichtet wurde, ist die bedeutendste Kirche Armeniens. Der Legende nach soll Christus, nachdem er auf einem Lichtstrahl auf die Erde herabgestiegen war, mit einem goldenen Hammer Gregor dem Erleuchter den Ort gezeigt haben, an dem die Kirche entstehen sollte. Ihr heutiges Aussehen geht zurück auf Restaurierungsarbeiten aus dem 17. Jahrhundert. Zu ihren Museumsbeständen gehören bedeutende Manufakte aus der Geschichte der Christenheit, wie ein Stück der Arche Noah oder die heilige Lanze, mit der die Brust Jesu Christi durchbohrt wurde, um seinen Tod zu überprüfen, und die beim ersten Kreuzzug entdeckt und unter der St.-Petrus-Grotte in Antiochia vergraben worden ist (1098). In der Umgebung der Kathedrale sind viele *Chatschkare* zu finden, oft sehr kunstvoll gearbeitete Stelen mit eingravierten Kreuzen und anderen Motiven, die zu den typischsten religiösen Kunstformen gehören und den christlichen Charakter des Landes bezeugen.

In Etschmiadsin haben alle Kirchen ein griechisches Kreuz als Grundriss. Drei sind in besonderer Weise mit der mystizistischen Religiosität dieses Ortes verbunden. Die Kirche St. Gayane mit ihren harmonischen Proportionen wurde 630 vom Katholikos Ezra gebaut. Ihre Grundstruktur ist trotz der im 17. Jahrhundert durchgeführten Erweiterungen unverändert geblieben. Die Kirche St. Hripsime (618) gilt als eine der ältesten Kirchen Armeniens. Ihre erlesene, klassisch armenische Architektur hat den Bau vieler anderer Kirchen des Landes beeinflusst. Die Kirche Schoghakat (Lichtbündel) aus dem Jahr 1691 ist ein einschiffiger Längsbau. All diese heiligen Stätten wurden im Jahr 2000 von der UNESCO in die Liste des Weltkulturerbes aufgenommen.

Zu den Hochfesten des armenische-apostolischen liturgischen Kalenders kommt eine große Anzahl von Pilgern: Erscheinung des Herrn (6. Januar), Mariä Verkündigung (7. April) und Mariä Geburt (8. September). Neben diesen und lokalen Festtagen sind der Mittwoch und der Freitag als Tage des Fastens und des Gebetes vorgesehen. Unter besonders großer Anteilnahme wird im Gedenken an ihre Gründung das Fest der Kathedrale von Etschmiadsin gefeiert (13. Juni), ebenso Wardawar, das Fest der Verklärung, das 98 Tage nach Ostern gefeiert wird und der Erscheinung von Moses und Elias vor Jesus und seinen Jüngern auf dem Berg Tabor gedenkt. Bestandteil dieses Festes ist es, dass sich die Menschen gegenseitig mit Wasser bespritzen und weiße Tauben freilassen, ursprünglich ein heidnischer Brauch. In der christlichen Symbolik wird hier an die Sintflut beziehungsweise an die Taube der Arche Noah erinnert, Überbringerin guter Nachrichten. Alle sieben Jahre wird in der Kathedrale von Etschmiadsin die Weihe des Myron begangen. Dies ist, ähnlich wie das Chrisam, ein mit zahlreichen Spezereien angereichertes und vom Katholikos geweihtes Öl, das für die Taufe, die Priesterweihe und die Weihe von Altären benutzt wird.

168 Die Kathedrale von Etschmiadsin – was etwa bedeutet „Ort, wo der eingeborene Sohn zur Erde herabstieg" – wurde unter Gregor dem Erleuchter in Form einer Kuppelbasilika gebaut. Die im 4. Jahrhundert errichtete Kirche wurde im Laufe der Jahrhunderte vielfach erweitert.

168-169 Im Gedenken an den Gründungstag der armenisch-apostolischen Kirche finden neben den Gottesdiensten auch Prozessionen um die Kirche statt, an denen Vertreter des Klerus in ihren traditionellen Gewändern und Gläubige teilnehmen.

170-171 DIE MIT FEIERLICHEN UND KOMPLEXEN RITUALEN
ZELEBRIERTEN MESSEN SIND IMMER GUT BESUCHT, VOR ALLEM DIE
IN DER KATHEDRALE VON ETSCHMIADSIN. HIER ZÜNDEN VIELE
GLÄUBIGE ALS ZEICHEN DER HINGABE ZUM GEBET LANGE,
SCHLANKE KERZEN AN.

171 ZUM FESTTAG DER GRÜNDUNG DER ARMENISCH-APOSTOLISCHEN
KIRCHE FINDEN BESONDERE ZEREMONIEN STATT, ZWISCHEN
DENEN ES GEBETE UND LITURGISCHE GESÄNGE GIBT, DIE
JAHRHUNDERTEALT UND TEIL DER RELIGIÖSEN TRADITION SIND.

DAS KATHARINENKLOSTER AUF DEM BERG SINAI

Oase des Glaubens auf dem Berg Moses

Etwa 150 Kilometer von Scharm el-Scheich entfernt erhebt sich auf der Sinai-Halbinsel inmitten von Felsspitzen am Fuße des Gebel Musa (Berg Sinai oder Mosesberg) in einer Höhe von 1.500 Metern das Katharinenkloster. Hier erhielt Moses von Gott die Gesetzestafeln, als er auf der Flucht aus Ägypten sein Volk in das Gelobte Land führte. Heute steht auf seinem Gipfel die griechisch-orthodoxe Kapelle der Heiligen Dreifaltigkeit, die 1934 auf den Ruinen einer früheren Kirche von 363 errichtet wurde. Der Überlieferung zufolge soll sich in dem kleinen Heiligtum der Felsen befinden, aus dem Gott die Gesetzestafeln schuf. In der Nähe befindet sich die Höhle, in der Moses auf die Zehn Gebote gewartet haben soll. Auf ihrer Wallfahrt steigen jährlich Tausende von Pilgern die 4.000 von den Mönchen geschaffenen Stufen hinauf oder folgen dem leichteren, aber längeren Weg.

Die Regeln der hier lebenden orthodoxen Mönche sind besonders streng: Sie trinken keinen Wein, essen kein Fleisch, arbeiten hart und beten hingebungsvoll. In ihrem Alltag werden sie von den muslimischen Beduinen des Stammes der Jabaliya („vom Berg") unterstützt.

Der Legende nach sollen Mönche etwa um das Jahr 800 in einer Höhle auf dem Berg Sinai den unversehrten Leichnam der im Jahr 310 enthaupteten heiligen Katharina von Alexandria entdeckt haben, den Engel nach ihrem Martyrium hierher gebracht hatten. Die heiligen Reliquien wurden in das Kloster gebracht und ziehen noch heute zahlreiche Pilger an.

Das älteste noch existierende Kloster der Christenheit wurde im Jahr 2002 von der UNESCO in die Liste des Weltkulturerbes aufgenommen. Dieser dem Christentum, Islam und Judentum heilige Ort wurde zwischen 527 und 565 unter Kaiser Justinian neben der Kapelle errichtet, deren Bau Helena, die Mutter von Kaiser Konstantin, 328 genau an dem Ort befohlen hatte, an dem

Gott sich der biblischen Erzählung zufolge Moses in einem brennenden Dornbusch offenbart haben soll.

Das einer Festung gleichende Kloster ist von 14 Meter hohen Mauern umgeben. In der Mitte befindet sich die Kirche der Verklärung mit ihrem hohen Glockenturm. Von einer Vorhalle aus betritt man durch eine mit Schnitzereien verzierte Tür die in drei Schiffe unterteilte Basilika, die eine reich bemalte Ikonostase bewahrt. Die Apsis zeigt wundervolle Mosaiken aus der Mitte des 6. Jahrhunderts. Dahinter liegt die Kapelle des Brennenden Dornbuschs, der älteste Teil des Klosters, der nur barfuß betreten werden darf. Die Wände sind mit blau-grünen Fayencen aus Damaskus verkleidet. An der Außenseite steht ein Ableger jenes Dornbusches, den Moses brennen gesehen hat; wie durch ein Wunder gedeiht er bis heute. Dieses göttliche Phänomen, bei dem das Feuer die Göttlichkeit symbolisiert und der Busch die Menschheit, wurde in der Überlieferung nach christologischen und mariologischen Kriterien interpretiert: Man sieht darin eine Vorankündigung der Fleischwerdung Christi durch Maria. Neben dem Busch steht eine kleine Moschee mit Minarett, in der sich die hier tätigen Beduinen zum Ramadan und zu den muslimischen Festen versammeln.

Die Klosterbibliothek, die hinsichtlich der Zahl antiker byzantinischer Texte nur von der im Vatikan übertroffen wird, enthält unter anderem Werke in arabischer und türkischer Sprache, Manuskripte und Inkunabeln. In der Ikonengallerie sind über 2.000 Ikonen ausgestellt, weitere kostbare Exemplare befinden sich im Narthex der Kirche und in der Basilika.

Die allmorgendlichen 33 Glockenschläge der Kirche symbolisieren die 33 Lebensjahre Christi. Die religiösen Zeremonien und gesungenen heiligen Messen sind eindrucksvoll. Am 25. November wird zum Gedenken der heiligen Katharina ein großes Fest veranstaltet, an dem auch die Beduinen aus der Wüste teilnehmen.

173 SPEKTAKULÄR IST DIESER BLICK AUF DAS KATHARINENKLOSTER: WIE ZU SEINEM SCHUTZ ERHEBT SICH HINTER IHM DER BERG SINAI. DIESER URALTE RELIGIÖSE ORT, ZITADELLE DES MIT DER MYSTISCHEN FIGUR DES MOSES VERKNÜPFTEN GLAUBENS, IST UMGEBEN VON MÄCHTIGEN MAUERN UND WACHTÜRMEN UND KONNTE ALLEN ANGRIFFEN VON ZEIT UND WÜSTENRÄUBERN WIDERSTEHEN.

174 FAST ALLE PILGER, WIE AUCH DIESE AUS DEM FERNEN RUSSLAND ANGEREISTEN,
VERWEILEN IM GEBET VOR DEM BRENNENDEN DORNBUSCH, AN DEM GOTT ZU
MOSES SPRACH. DIE PFLANZE, DIE MAN HEUTE SIEHT, IST EIN ABLEGER DES
URSPRÜNGLICHEN DORNBUSCHS, SIE WÄCHST UND GEDEIHT WUNDERBARERWEISE
SCHON SEIT LANGEM AN DER AUSSENSEITE DER KAPELLE DES BRENNENDEN
DORNBUSCHS, DIE AUF DER STELLE DES ORIGINALS ERRICHTET WORDEN IST.

174-175 DAS FÜR ALLE DREI GROSSEN MONOTHEISTISCHEN RELIGIONEN (JUDENTUM,
CHRISTENTUM UND ISLAM) HEILIGE KLOSTER UMFASST ZAHLREICHE GEBÄUDE,
DIE DURCH STRASSEN UND GASSEN VERBUNDEN SIND.

176 Diese kostbare Ikone zeigt mit kalligraphischer Präzision die ganze Dramatik der Kreuzigung. Besonders stark kommt sie in dem abgezehrten und blutenden Körper Jesu zum Ausdruck sowie in den vom Schmerz gezeichneten Gesichtern der Madonna und der frommen Frauen.

177 Umfangreich und kostbar ist vor allem die Ikonostase der Basilika, in der zahlreiche Ikonen zu sehen sind, die Moses vor dem brennenden Dornbusch zeigen und oben die Muttergottes mit dem Kind. Auf anderen ist Moses dargestellt, seine weisse Tunika ist hell erleuchtet von den aus dem heiligen Busch züngelnden Flammen. Es gibt auch eine von dem Mönch Jeremias von Kreta 1778 hervorragend gearbeitete Ikone, die Jesus, Maria, Johannes den Täufer und die heilige Katharina zeigt.

178 Ein Sonnenaufgang auf dem Gipfel des Bergs Sinai oder *Gebel Musa* (Mosesberg) ist ein besonders stimmungsvolles Erlebnis; die mystische Atmosphäre lässt die Pilger sich im Einklang mit dem Göttlichen und der umgebenden Landschaft fühlen. Viele steigen während der Nacht auf den Berg, um bei Sonnenaufgang auf dem Gipfel zu beten und zu meditieren.

178-179 Auf dem höchsten Punkt des *Gebel Musa* stehen eine Moschee und eine Kapelle, Ausdruck dafür, dass das Katharinenkloster und der Berg Sinai für die Gemeinschaft der Glaubensrichtungen steht, für das friedliche Miteinander der Angehörigen verschiedener Religionen, jenseits jedes zerstörerischen Integralismus.

DIE VERKÜNDIGUNGSBASILIKA IN NAZARETH

Erzengel Gabriel und Maria, das Rätsel der wundersamen Empfängnis

„Wir alle müssen nach Nazareth zurückkehren, um immer wieder aufs Neue die Ruhe und die Liebe der Heiligen Familie zu erfahren, Vorbild jeder christlichen Familie." Dies waren die Worte von Paul VI. auf seiner Pilgerreise im Jahr 1964, die von Benedikt XVI. bei seinem Besuch am 14. Mai 2009 wiederholt wurden, um die Bedeutung dieses Ortes für alle Christen zu betonen.

Den Evangelien zufolge soll der Erzengel Gabriel in Nazareth, einer kleinen Stadt im Norden Israels in der Region Galiläa, Maria die Geburt Jesu angekündigt haben. Der Sohn Gottes hat hier seine Kindheit und Jugend mit seinen irdischen Eltern verbracht.

Die Stadt erlangte nach der Besetzung der Kreuzritter an Bedeutung, als Tankred von Tiberias im Jahr 1099 über einer Höhle die der Verkündigung geweihte Kirche errichten ließ, die dann im Jahr 1263 auf Befehl von Sultan Baibars zusammen mit weiteren Kirchen und Klöstern der Region zerstört wurde. Die 1620 nach Nazareth zurückgekehrten Franziskaner bauten dort wieder eine kleine Kirche, die erst 1730 fertiggestellt und nachdem sie 1871 erweitert worden war, 1955 abgerissen wurde. Die neue Verkündigungsbasilika entstand zwischen 1960 und 1969 nach Plänen des Mailänder Architekten Giovanni Muzio und unter Mitwirkung der gesamten katholischen Welt wurde sie errichtet und am 25. März 1969 feierlich eingeweiht.

Das schlicht gehaltende Kirchengebäude besteht aus zwei übereinander gebauten Kirchen: der Unterkirche auf dem Niveau der vorherigen Basiliken und der Oberkirche. Im Zentrum der Unterkirche befindet sich die dreifache Apsis der byzantinischen Kirche aus dem 5. Jahrhundert. Erhalten sind hier das quadratische vorkonstantinische Taufbecken und darunter das Fußbodenmosaik aus byzantinischer Zeit. Der eigentlich Kern aber besteht aus der Verkündigungsgrotte, dem Ort, an dem Maria von Erzengel Gabriel aufgesucht wurde und an dem die Familie der Jungfrau zu Hause war; eine bescheidene Unterkunft halb aus dem Felsen gehauen, halb gemauert vor der Öffnung der Höhle. Überlieferungen zufolge sollen 1291 die gemauerten Wände der Wohnhöhle wunderbarerweise von Engeln nach Loreto überführt worden sein, wo sie im Sanktuarium der Santa Casa aufbewahrt werden.

Ein schmiedeeisernes, mit marianischen Symbolen verziertes Gitter bildet die Absperrung, darüber schwebt ein Baldachin, der mit vergoldeten Kupferreliefs mit Darstellungen der Verkündigung sowie mit Engeln verziert ist. An den Seiten der Höhle sind zwei Bündelpfeiler, die zu der von den Kreuzrittern errichteten Kirche gehörten. Zwei Wendeltreppen führen zum oberen Bereich, wo sich die moderne Kirche befindet. Ihre leicht konkave Fassade ist dem Wunder der Menschwerdung gewidmet. Oben im Giebel ist Christus, der Erlöser, und in den Flachreliefs ist das Wunder der Verkündigung dargestellt. In die kleinere Fassade im südlichen Teil der Basilika ist um eine Marienstatue der Text der Salve Regina eingemeißelt. Auf der Wand des äußeren Umgangs erinnern mehrere Bilder die Pilger an die weltweit am meisten verehrten Mariensanktuarien. Im Innenraum heben sich die wundervoll bunten Fenster vom schlichten Glanz des kahlen Steins ab, aus dem die Basilika errichtet wurde.

In ihr befinden sich auch zahlreiche Gemälde, die Maria und das Jesuskind zeigen, sowie Weihegaben von Pilgern aus allen Teilen der Welt, die anlässlich der wichtigsten Marienfeste besonders zahlreich hierher kommen.

181 EIN BESONDERS SCHÖNES KIRCHENFENSTER DER VERKÜNDIGUNGSBASILIKA IN NAZARETH; JEDEN TAG STRÖMEN PILGER, DIE DAS HEILIGE LAND BESUCHEN, HIERHER, UM ZU MARIA ZU BETEN UND GELÜBDE ZU ERFÜLLEN.

182 OBEN DIESE LUFTAUFNAHME ZEIGT EINE GESAMTANSICHT DER VERKÜNDIGUNGSBASILIKA, DIE IM SÜDLICHSTEN TEIL DES ALTEN DORFS NAZARETH STEHT.

182 UNTEN ALS PAPST JOHANNES PAUL II. AUF EINER PILGERREISE DIE VERKÜNDIGUNGSBASILIKA BESUCHTE, WAREN BEI DER HIER ZELEBRIERTEN HEILIGEN MESSE VIELE GLÄUBIGE ANWESEND, WAS DEN HOHEN STELLENWERT DER MARIENVEREHRUNG VERDEUTLICHTE, DIE SICH HIER TÄGLICH IN BEWEGENDEN SZENEN DER HINGABE ERNEUERT.

183 DER GROSSE ALTAR VOR DER VERKÜNDIGUNGSGROTTE BEINHALTET TEILE DER VORHER EXISTIERENDEN BYZANTINISCHEN KIRCHE. SO ETWA RUHT DER EIGENTLICHE ALTARTISCH AUF SÄULENSOCKELN, DIE URSPRÜNGLICH AUS DER KOLONNADE DER ALTEN BASILIKA STAMMEN.

JERUSALEM UND DIE GRABESKIRCHE

Die Orte des Leidens und Sterbens Christi

Als Kreuzungspunkt der größten monotheistischen Religionen ist Jerusalem eine heilige Stadt für Juden, Christen und Muslime. Die Altstadt, die zum UNESCO-Weltkulturerbe gehört, weist zahlreiche religiöse Bauwerke und Stätten auf und ist seit Jahrhunderten Ziel vor allem christlicher Pilger, da sich hier die mit dem Leidensweg, dem Tod und der Wiederauferstehung Christi verbundenen Orte befinden.

An der Via Dolorosa vollzog sich die Passion Christi, der das Kreuz bis zum Kalvarienberg tragen musste. Massen von Pilgern (von denen einige eine Nachbildung des Kreuzes tragen) gehen Tag für Tag die einzelnen Stationen des Kreuzwegs entlang der Via Dolorosa ab, die am Stephanstor (Löwentor) beginnt; freitags erfolgt eine Prozession unter franziskanischer Führung. Viele Stationen sind Teil des öffentlichen Stadtgefüges, während die letzten, Golgatha oder der Kalvarienberg, im Inneren der Grabeskirche liegen. Dieses zu einem großen religiösen Komplex gehörende Gebäude am höchsten Teil der Altstadt wurde im Jahr 326 unter Konstantin an der Stelle errichtet, wo man das Grab Jesu Christi vermutete. Im unteren Bereich, unter der Rotunde der Kirche, befinden sich der Stein, der durch ein Wunder vom Eingang des Grabs wegbewegt wurde, die Grabeskapelle, das Grab von Josef von Arimathäa und die Engelskapelle, der Ort, an dem – der Überlieferung nach – der Engel erschienen sein soll der den drei frommen Frauen die Auferstehung Christi verkündete.

Auch andere Teile des Komplexes ziehen zu allen Zeiten des Jahres große Mengen an Gläubigen aller christlichen Glaubensrichtungen an, vor allem der Kalvarienberg oder Golgatha, wo Christus an das lateinischen Kreuz (weshalb viele christliche Kirchen diesen Grundriss haben) genagelt wurde und starb. Insbesondere in der Karwoche, von Palmsonntag bis Ostermontag, kommen in diesem Teil der Grabeskirche Pilger aus aller Welt zusammen und wohnen betend unter großer Anteilnahme den verschiedenen Zeremonien im Gedenken an den Opfertod Jesu bei. Während dieser Zeit werden an dieser heiligen Stätte zahllose Pontifikalämter, Nachtmessen, Prozessionen und gesungene Messen zelebriert.

Besonderer Anziehungspunkt ist das sich alljährlich am Karsamstag erneuernde „Wunder des heiligen Feuers", bei dem sich über dem Grab Christi eine Kerze von selbst anzündet. Ein seltsames, unerklärliches Phänomen, für das es bis heute keine wissenschaftliche Erklärung gibt. Gegen Mittag begibt sich der orthodoxe Patriarch von Jerusalem, der sich seiner liturgischen Gewänder entledigt hat und nur in ein schlichtes weißes Gewand gehüllt ist, in Begleitung des armenisch-apostolischen und des koptischen Patriarchen in die kleine Grabeskapelle. In absoluter Stille kniet er nieder und bittet darum, Jesus möge, wie jedes Jahr, sein heiliges Licht spenden, das die Auferstehung Christi symbolisiert. Zuvor wurden alle Kerzen und Öllampen gelöscht. Im Halbdunkel ist plötzlich ein Zischen zu vernehmen, gefolgt von einem undefinierbaren Licht, das genau aus dem Stein emporzukommen scheint, auf dem der Leichnam Christi aufgebahrt war. Es ist ein bläuliches Licht, das aber auch viele andere Töne annehmen kann und schwer zu beschreiben ist. Zum einen bedeckt es nur den Stein, zum anderen leuchtet der ganze Raum. Irgendwann steigt das Licht empor und scheint eine Art Säule zu bilden, dann zünden sich die langen Kerzen, die der Patriarch in der Hand hält, von selbst an. Dieser verlässt daraufhin das Grab und gibt die heilige Flamme zuerst an den armenisch-apostolischen und den koptischen Patriarchen weiter, dann an alle anderen in der Kirche.

185 EINE ÄDIKULA AUS DEM 19. JAHRHUNDERT IN DER MITTE DER GROSSEN ROTUNDE IN DER GRABESKIRCHE UMSCHLIESST DAS GRAB, IN DEM CHRISTUS RUHEN SOLL. EINE NIEDRIGE TÜR FÜHRT IN DAS INNERE, HIERDURCH TRETEN DIE PILGER EIN, DIE VOR ALLEM IN DER KARWOCHE BESONDERS ZAHLREICH KOMMEN.

186-187 Einer der bedeutungsträchtigsten Stätten in der Grabeskirche ist der Salbungsstein, auf dem der Leichnam Jesu für die Bestattung vorbereitet worden sein soll. Die darüberhängenden Leuchter sind gleichmässig zwischen der griechisch-orthodoxen, der koptischen und der armenisch-apostolischen Kirche sowie den Franziskanern aufgeteilt, um die Universalität dieser Stätte zu betonen.

187 Die Grabeskirche bietet auch von aussen einen monumentalen Anblick. Sie ist, wie die ganze Altstadt von Jerusalem, von der UNESCO zum Weltkulturerbe erklärt worden. Als Schauplatz der Passion Christi ist sie ein bevorzugtes Pilgerziel im Heiligen Land.

188-189 Versunken im Gebet verharren die Gläubigen lange Zeit kniend vor dem Altar der Golgatha-Kapelle, an genau der Stelle, an der das Kreuz Jesu gestanden haben soll. Völlig selbstvergessen befinden sie sich in einem stummen und intensiven Dialog mit Christus.

190 In die Grabeskirche kommen auch viele Nonnen der russisch-orthodoxen Kirche, gekleidet in den bis zu den Füssen reichenden, schwarzen Gewändern und einem das Gesicht umrahmenden Schleier. Vor Gebetsbeginn zünden sie Kerzen an.

191 Das Katholikon ist die griechisch-orthodoxe Kapelle, die sich im Mittelschiff vor der Ädikula mit dem Grab befindet. Geschmückt mit Ikonen ist es ein Zentrum bewegender religiöser Zeremonien, die den orthodoxen liturgischen Kalender begleiten.

192-193 VON DER KAPELLE DER KLEIDERVERTEILUNG – EINE DER DREI KAPELLEN, DIE SICH STRAHLENFÖRMIG IM HINTEREN BEREICH DER KIRCHE ÖFFNEN – STEIGT MAN HINAB ZUR HELENAKAPELLE. DIESE STEHT UNTER DER LEITUNG DER ARMENISCHAPOSTOLISCHEN KIRCHE, WIRD ABER WIE DIE GESAMTE ÜBRIGE WALLFAHRTSSTÄTTE VON GEISTLICHEN UND GLÄUBIGEN ALLER RELIGIONEN BESUCHT.

193 WÄHREND DES BESUCHS DER GRABESKIRCHE SOLLTE MAN DEN GEIST VON JEDEM GEDANKEN BEFREIEN UND SICH DURCHDRINGEN LASSEN VON DER SAKRALEN ATMOSPHÄRE DIESES HEILIGEN ORTES, UM SO DURCH DAS GEBET IN SICH SELBST FRIEDEN UND SPIRITUELLE RUHE ZU FINDEN. SO WIE DIESER GEISTLICHE BEIM LESEN DER HEILIGEN TEXTE WÄHREND EINES GOTTESDIENSTES.

194 EBENSO WIE DIE ORTHODOXEN UND DIE ARMENISCH-
APOSTOLISCHEN GEISTLICHEN, KREISEN AUCH DIE IN JERUSALEM
LEBENDEN VERTRETER DES KATHOLISCHEN KLERUS UM DEN
SALBUNGSSTEIN, DABEI TRAGEN SIE WEISSE GEWÄNDER UND
HALTEN KERZEN IN DEN HÄNDEN.

194-195 DIE SPANNENDSTE UND GEHEIMNISVOLLSTE ZEREMONIE
DER KARWOCHE IST ZWEIFELLOS JENE, DIE ALLJÄHRLICH
AM KARSAMSTAG ZELEBRIERT WIRD, WENN DAS WUNDER DES
HEILIGEN FEUERS ERNEUERT WIRD, DAS SICH PLÖTZLICH ÜBER
DEM GRAB CHRISTI ENTZÜNDET UND VON DORT ALLEN
TEILNEHMERN ÜBERBRACHT WIRD.

196 DAS HEILIGE FEUER, DAS DIE WUNDERSAME AUFERSTEHUNG CHRISTI SYMBOLISIERT, HAT FÜR GENAU 33 MINUTEN
NICHT DIE TYPISCHEN EIGENSCHAFTEN VON FEUER, ES VERURSACHT KEINE VERBRENNUNGEN; DANACH BRENNT ES GANZ
NORMAL. DIE GLÄUBIGEN DRÄNGEN SICH DARUM, IHRE KERZEN AN DER HEILIGEN FLAMME ZU ENTZÜNDEN.

197   NACH DEM ERLEBNIS, DEM WUNDER DES HEILIGEN FEUERS BEIGEWOHNT ZU HABEN, SIND DIE EMOTIONEN
DER GLÄUBIGEN BESONDERS STARK. DIE HINGABE ERREICHT IHREN HÖHEPUNKT UND DIE GEFÜHLSREGUNGEN SIND
SO STARK, DASS VIELE ANFANGEN ZU WEINEN; ES SIND TRÄNEN AUS DER TIEFE DES HERZENS.

198 OBEN AUCH FRAUEN, VOLLSTÄNDIG SCHWARZ GEKLEIDET, TRAGEN WÄHREND DER KARFREITAGSPROZESSION UNTER GRÖSSTER ANSTRENGUNG SCHWERE HOLZKREUZE ÜBER DIE VIA DOLOROSA; SO NEHMEN AUCH SIE TEIL AN DIESER DRAMATISCHEN GEMEINSCHAFTLICHEN DARSTELLUNG DES LEIDENS CHRISTI.

198 UNTEN JUNGE UND ALTE, ERWACHSENE UND KINDER, REICHE UND ARME – ALLE SIND UNTERSCHIEDSLOS DIE PROTAGONISTEN DIESES ALTEN RITUALS, DAS JEDES JAHR WIEDER DER PASSION CHRISTI GEDENKT. ALLE TRAGEN IHRE GROSSEN ODER KLEINEN, SCHWEREN ODER LEICHTEN, SCHLICHTEN ODER AUFWENDIGEN KREUZE ZU EHREN DES FÜR DIE MENSCHEN GESTORBENEN SOHN GOTTES.

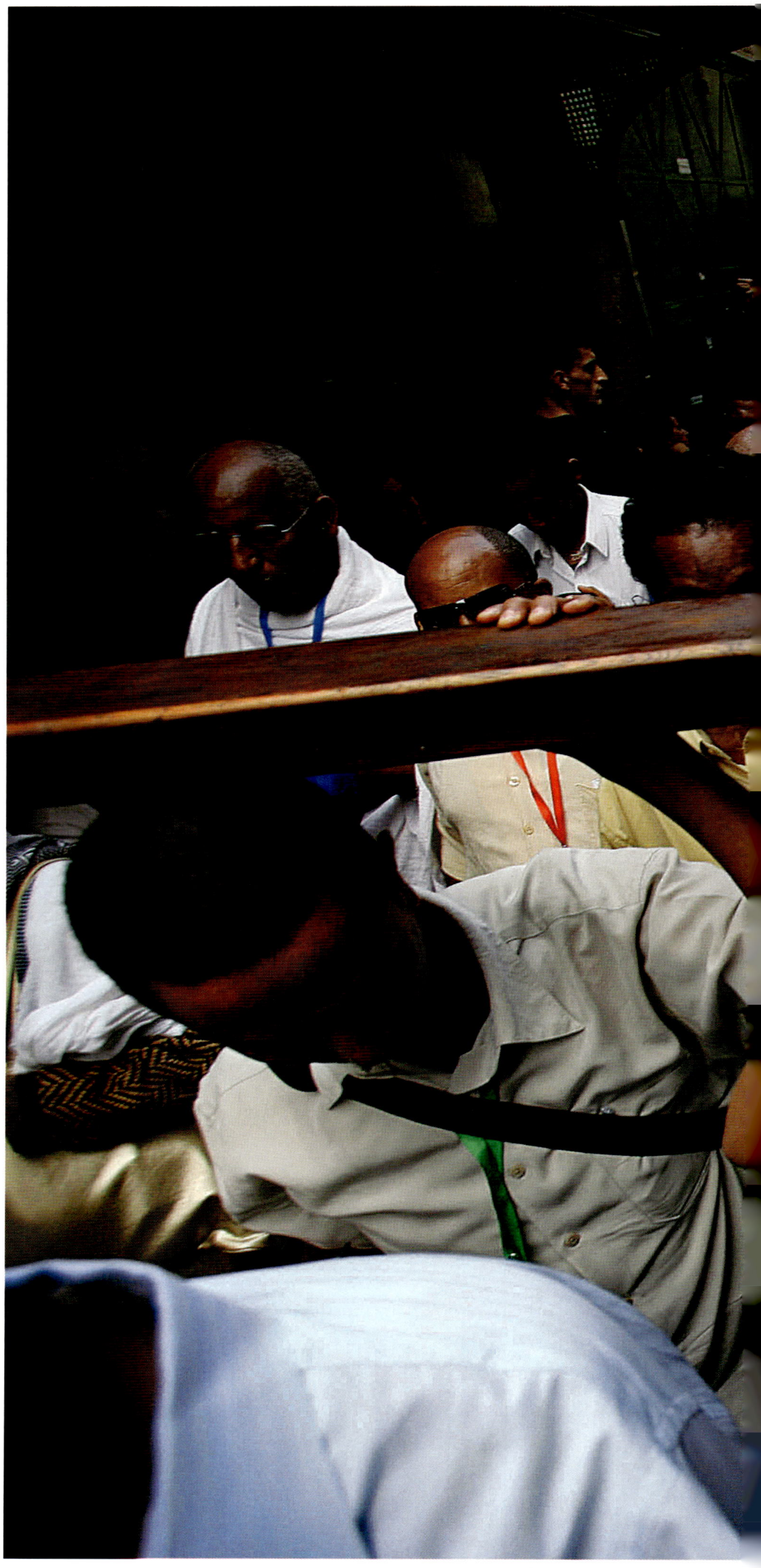

198-199 Es ist ein berührendes und mitreissendes Spektakel: Hier trägt eine Gruppe äthiopisch-orthodoxer Christen mitten durch die Menschenmenge hindurch unter enormer Anstrengung die grössten und schwersten Kreuze. Ganz in Weiss gekleidet stimmen sie, gebeugt unter ihrer Last, Lieder und Gebete an.

200-201 Die bewegendsten Momente der Passion Christi sind jene, in denen der Sohn Gottes mit der Dornenkrone auf dem Haupt unter dem Gewicht des Kreuzes zu Boden stürzt. Instinktiv strecken die Pilger die Hände aus, um den Darsteller zu stützen oder um das Abbild des schmerzerfüllten Gesichts Christi zu berühren, das manche mit sich tragen.

DIE GEBURTSKIRCHE ZU BETLEHEM

Wo Christus zum Menschen wurde

Der große Weg des Christentums begann in Betlehem, einer kleinen Stadt im Westjordanland auf 755 Meter Höhe, etwa 10 Kilometer südlich von Jerusalem, wo Jesus den Evangelien zufolge vor mehr als 2.000 Jahren das Licht der Welt erblickte. Die Geburtskirche wurde errichtet, um eben jene Höhle zu schützen, in der der Erlöser zur Welt kam. Die unter Konstantin 326 errichtete Kirche wurde unter Justinian im Jahr 530 umgebaut, um ein Sanktuarium zu errichten, das größer sein sollte als alle anderen der Region. Im Jahr 1099 bemächtigten sich die Kreuzfahrer unter Tankred von Tiberias der Kirche und krönten dort ihre Herrscher. Ab 1165 wurden umfassende Restaurierungs- und Umbauarbeiten durchgeführt. Vom 13. Jahrhundert bis zum Ende der osmanischen Herrschaft kam es zu beträchtlichen Schändungen, die zusammen mit Erdbeben und Bränden den Verfall des Komplexes verursachten.

Die Geburtskirche besteht aus zwei Kirchen und einer Krypta, in der sich die Geburtsgrotte befindet. Der Besitz teilt sich unter den verschiedenen christlichen Konfessionen auf, die miteinander um die Führung der Kirche und das Zelebrieren der Gottesdienste konkurrieren. Die hohen und mächtigen Außenmauern verleihen dem Gebäude ein beeindruckendes Aussehen. Man betritt die Kirche über die nur etwa 1,20 Meter hohe Demutspforte, durch die man zwangsläufig nur in gebückter Haltung kommt. Die 54 Meter lange und 26 Meter breite Kirche ist in fünf Schiffe unterteilt. Der durch korinthische Säulen gegliederte Raum ist verziert mit kostbaren Mosaiken, die auf goldenem Hintergrund die Vorfahren Christi darstellen, Gemälden und mit Silber und Edelsteinen besetzten Ikonen. Es herrscht eine mystische Atmosphäre.

Im östlichen Bereich der Kirche, oberhalb der Geburtsgrotte, befindet sich ein Oktogon, das in der Mitte eine Öffnung hat, durch die die Gläubigen in die Geburtsgrotte hinabblicken können – dort hinunter gelangt man über eine halbrunde Treppe. Hier befinden sich der Geburtsaltar aus dem 12. Jahrhundert, wo sich ein silberner Stern mit 14 Zacken dort befinden soll, wo Christus geboren wurde. Dieser Bereich und ein großer Teil der Basilika gehören der griechisch-orthodoxen Kirche, ein weiterer Bereich der armenisch-apostolischen Kirche. Weitere bedeutende Stätten der Kirche sind der Altar der Heiligen Drei Könige und die Krippengrotte. Hier stand die Krippe, in die Maria das Jesuskind legte; heute gehört sie den Franziskanern der Kustodie des Heiligen Landes. Für die Gläubigen werden täglich Gottesdienste zelebriert, besonders feierlich sind die Zeremonien zum Advent.

Pilgerziel ist auch die nahegelegene Katharinenkirche mit ihren unterirdischen Grotten, von denen ein Gang zur Geburtsgrotte führt. Die von den Franziskanern errichtete Kirche ist weltbekannt, denn hier wird die feierliche Christmette zelebriert.

Von dort aus erreicht man die Milchgrotte, wo sich die Heilige Familie vor ihrer Flucht nach Ägypten versteckt hatte. Der Name liegt darin begründet, dass während Maria das Jesuskind stillte, einige Tropfen ihrer Muttermilch zu Boden fielen, die das Gestein der Höhle strahlend weiß werden ließen. Hier kommen vor allem Frauen kurz nach der Entbindung her, um die Jungfrau Maria um Hilfe beim Stillen zu bitten. Eine weitere Etappe der Pilgerreise ist ein Besuch des Grabs der Rachel, der Schöpfungsgeschichte nach die Frau Jakobs und Mutter Benjamins, bei dessen Geburt sie starb. Diese den Juden, Muslimen und Christen gleichermaßen heilige Grabstätte wird vor allem von jungen Frauen aufgesucht, um die Stammmutter um Fruchtbarkeit sowie eine leichte Geburt zu bitten.

204-205 Ein eindrucksvolles Erlebnis in der Weihnachtszeit ist die grosse, feierliche Prozession, wenn des Mysteriums der Geburt Jesu gedacht wird. Von beiden Seiten der Strassen an der Geburtskirche schauen unzählige Pilger den jungen Priestern zu, die im Talar an ihnen vorüberziehen.

206 Anlässlich der Osterzeremonien am Karsamstag verteilt der orthodoxe Erzbischof Theophylaktos in der Geburtskirche unter den Gläubigen das „heilige Licht", um ihre Votivkerzen anzuzünden.

206-207 Ebenso feierlich und stimmungsvoll sind die zu Weihnachten zelebrierten Rituale der orthodoxen Kirche. Die höchsten Vertreter des Klerus schreiten, gekleidet in ihre kostbarsten Paramente, durch das Mittelschiff der Geburtskirche.

208-209 Es ist berührend, wie diese Frau, eine palästinensische Muslimin, ein Gebet an das Abbild der Muttergottes richtet, die auf einer grossen mit Silber überzogenen Ikone in der Geburtskirche abgebildet ist.

209 Die Inbrunst, mit der diese christliche Pilgerin in der Geburtskirche betet, ist wahrhaft tief; fast scheint es, als wolle sie mit den heiligen Mauern eine physische und mystische Einheit eingehen.

210-211 KNIEND, IN GEBEUGTER HALTUNG UND
MIT VOR DEM GESICHT VERSCHRÄNKTEN HÄNDEN BETET DIES
JUNGE GEISTLICHE IM INNEREN DER GEBURTSGROTTE.
SIE IST TIEF IN IHR INNIGES GEBET VERSUNKEN.

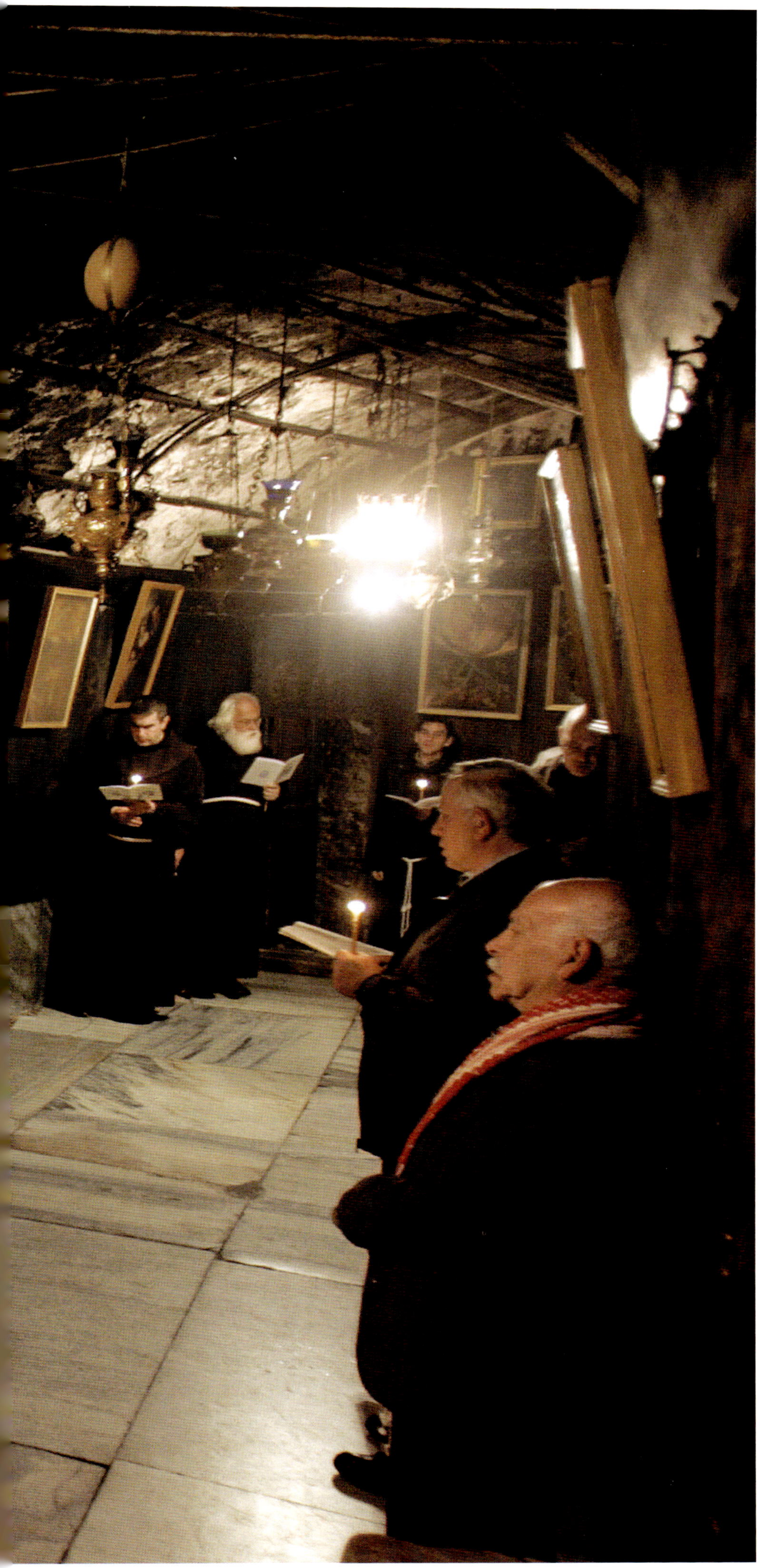

212-213 Die Vertreter aller christlichen Konfessionen versenken sich in der Geburtsgrotte ins Gebet. Seit jeher tun dies auch die Angehörigen des katholischen Klerus, die Psalmen und Gebete lesen und die heilige Messe zelebrieren. Viele von ihnen vollführen auch rituelle Bewegungen während sie beten und die heiligen Texte lesen.

213 Pater Shimon, ein Angehöriger der syrisch-orthodoxen Kirche, kniet nieder auf dem Boden der Geburtskirche, wie die Pilger es seit jeher tun. 15 silberne Leuchten bestrahlen den 14-zackigen Stern, der den Punkt markiert, an dem Jesus geboren sein soll.

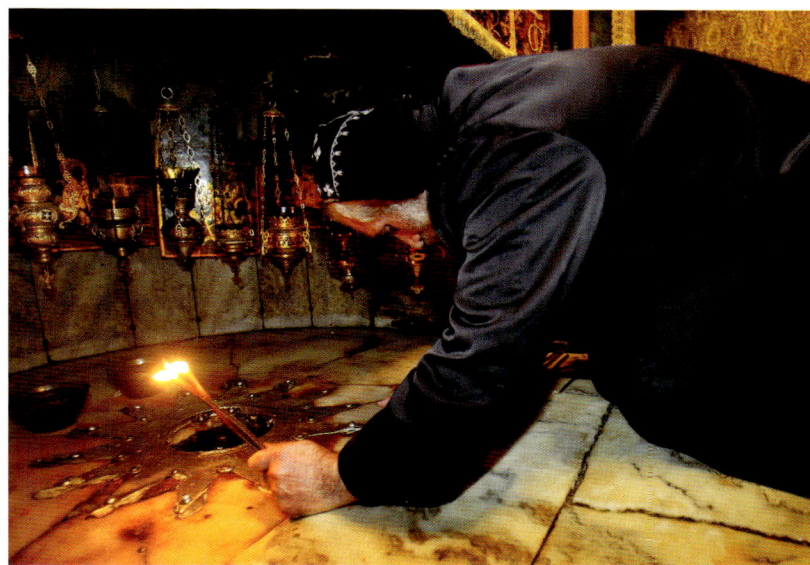

214-215 Lalibela, das Jerusalem Afrikas, bedeutendstes Zentrum des orthodoxen und koptischen Christentums in Afrika, füllt sich vor allem zu *Genna* (Weihnachten), das dem äthiopisch-julianischen Kalender zufolge auf die ersten Januartage fällt.

DIE FELSENKIRCHEN VON LALIBELA

Das faszinierende Jerusalem in Afrika

Lalibela, ein Ort auf 2.700 Meter Höhe auf der Hochebene im Herzen Äthiopiens, wird auch als „Jerusalem in Afrika" bezeichnet. Im Laufe der Jahrhunderte wurde Lalibela auf dem schwarzen Kontinent zur wichtigsten Begegnungsstätte des orthodoxen und koptischen Christentums, das sich um 330 zu verbreiten begann, als – so Rufinus von Aquileia in der *Historia ecclesiastica* – das größte Reich der afrikanischen Antike, das aksumitische, das einst von der legendären Königin von Saba beherrscht worden war, zum Christentum bekehrt wurde. Unter König Gebra Maskal Lalibela entstanden diese Kirchen in den ersten Jahren des 13. Jahrhunderts: Der Legende nach sollen in einer dunklen und stürmischen Nacht zwei Engel herabgekommen sein, um dem König dabei zu helfen, mehrere Felsenkirchen zu formen. Der heilige Georg selbst soll über die Arbeiten gewacht haben. Der König wollte seinen Untergebenen ein „Neues Jerusalem" schaffen, ein Ersatz für jenes, das den Kreuzrittern im Jahr 1187 von Saladin entrissen worden war. Aus der Felsformation heraus entstanden diese unglaublichen Felsenkirchen, elf märchenhafte, monolithische Bauwerke, die noch heute eines der gewaltigsten Wunder der Welt darstellen. Die Felsenkirchen, die seit 1978 UNESCO-Weltkulturerbe sind, liegen vollständig innerhalb tiefer, in den roten Tuffstein gehauenen Gräben und wurden im Laufe von nur 24 Jahren ohne Mauern, ohne Steine und ohne Holz geschaffen. Untereinander sind sie durch Gänge verbunden.

Die Eingänge der einzelnen Kirchen zeigen nach Westen, das Allerheiligste jeweils mit Altar nach Osten; insofern beschreiten die Gläubigen einen rituellen Weg, der vom Eingang (Ort des Dunkels, der Sünde) nach Osten verläuft, zum Licht, zur Erleuchtung der Seele. Die wichtigsten Kirchen: Bet Medhane Alem (Haus des Welterlösers) ist mit 11 Meter Höhe, 24 Meter Breite und 33 Meter Länge die größte. Ihr Innenraum ist durch 34 Säulen untergliedert, hier befinden sich die Grabmale der Patriarchen. Bet Maryam (Haus der Maria) ist die meistbesuchte und die einzige mit Fresken. Das Dach von Bet Abba Libanos (Haus des Abba Libanos) bildet mit dem darüberliegenden Felsen eine Einheit. Bet Danaghel (Haus der Jungfrauen) ist dem Martyrium der Nonnen von Edessa gewidmet, die im 4. Jahrhundert unter Kaiser Julian ermordet wurden. Bet Golgotha (Haus von Golghota) hat eine monumentale Fassade; Frauen ist hier der Zutritt nicht gestattet. Bet Mikael liegt fast vollständig unter der Erde und Bet Gyorgis (Haus des heiligen Georg) hat die Form eines Kreuzes.

216-217 Die in ihre traditionellen Gewänder gekleideten Gläubigen tragen Standarten und Bilder, die die Erzengel, die Heiligen, Christus und die Muttergottes darstellen; die Priester schützen sich mit bunten Sonnenschirmen vor der glühenden Sonne. Zu Hunderten drängen sich die Teilnehmer auf die Treppe, die zum Bet Maryam, der am meisten verehrten Kirche führt.

Die meisten Pilger kommen bei den ersten Sonnenstrahlen früh am Morgen zu den Gottesdiensten. Der durchdringende Ton der Trommeln und der schallende Laut der Pauke geben den Chören der Diakone und der Mitglieder der religiösen Kongregationen den Rhythmus vor.

In jedem Jahr zu Genna (Weihnachten), das dem äthiopisch-julianischen Kalender nach auf die ersten Januartage fällt, finden feierliche Zeremonien und Wallfahrten statt. Ältere Frauen fallen zum Zeichen ihrer Buße mit einem Stein auf dem Kopf auf die Knie und berühren mit ihrer Stirn den Boden. Dicht an dicht drängen sich die Gläubigen über die Treppe, zu der wahrscheinlich ältesten Kirche, Bet Maryam, während in einer Ecke Priester und Diakone in sakraler Trance, fast wie hypnotisiert, singen und tanzen zum Rhythmus von Tamburinen und Zimbeln sowie vergoldeten Glocken, die bei jedem Tanzschritt erklingen.

Kurz darauf wird erneut mit großen Zeremonien und Wallfahrten gefeiert, nämlich das Timkat-Fest um den 19. Januar (Fest der Taufe Jesu und der Epiphanie). Am Vorabend des Festes werden die heiligen Tabot, Kopien der Gesetzestafeln, die in der Bundeslade hierher gelangten, in einer Prozession zum Fluss gebracht, der Jordan heißt, genau wie jener, in dem Christus getauft wurde. Sie sind in mit Gold durchwirktem Brokat eingehüllt, so wie die Geistlichen, die mit den rituellen, die Sphären des Himmels symbolisierenden Schirmen vor der Sonne geschützt werden. Es folgen Prozessionen, Litaneien, Musik, Tänze, Predigten und Gebete bis zur Segnung des Wassers. Im Anschluss tauchen die Gläubigen in das Wasser ein, um sich von allen Sünden zu befreien.

217 Schon bei Sonnenaufgang ist die Menge riesig. Vor dem Platz der in den Felsen gehauenen Kirche Bet Maryam laden die Priester zum Gebet ein und verknüpfen den morgendlichen Tanz zu Ehren des Herrn mit dem Rhythmus der schweren Trommeln und der Zimbeln.

218-219 Am Tag vor dem Weihnachtsfest werden die rituellen Reinigungen vorgenommen. In die grossen, in den Felsen gehauenen Zisternen voller Wasser, das von einer dünnen Schicht grüner Flechten überzogen ist, werden unter staunenden Blicken Frauen an kräftigen Seilen heruntergelassen, um zusammen mit ihren Kindern mit dem geweihten Wasser gesegnet zu werden.

220 Während des Festes der Taufe Jesu (Timkat) versinken die Priester, bevor sie die Taufe zelebrieren, vor dem Becken in Form eines griechischen Kreuzes. Hinter ihnen scharen sich die Dignitare mit weissen Tuniken, die bis zu den Füssen reichen und von einem roten Streifen durchzogen sind.

220-221 Das Timkat-Fest findet am 19. Januar im Gedenken an die Taufe Jesu statt. Die Priester schreiten gefolgt von den Gläubigen aus der Kirche Bet Gyorgis heraus, eine der elf in den Felsen gehauenen Kirchen. Die im 8. Jahrhundert gebaute Kirche mit dem Grundriss eines griechischen Kreuzes ist von einem zwölf Meter hohen Graben umgeben.

222-223 Vor den Kirchen von Lalibela empfangen die Priester, gekleidet in die heiligen Paramente, die Gläubigen, die auf Pilgerreise in die „Himmlische Stadt" kommen und sich vor ihnen niederknien und um ihren Segen bitten.

223 Während des Timkat-Festes tragen die Priester die heiligen Tabot zum Fluss, der Jordan heisst, genau wie jener, in dem Christus getauft wurde: Die Tabot sind eine Nachbildung der in der Bundeslade bis nach Äthiopien gelangten Gesetzestafeln. Sie werden sorgsam gehütet und sind bei der Prozession von mit Gold durchwirktem Brokat verhüllt, der genauso farbenprächtig ist wie die Sonnenschirme der Geistlichen.

224 Bei den Gottesdiensten lesen die Priester, die gekleidet sind mit langen Gewändern aus weisser Baumwolle und einem Turban, aus grossen, jahrhundertealten Büchern, die in Ziegenleder eingebunden und teilweise mit Miniaturen verziert sind.

225 In dieser Umgebung sind die Gottesdienste bei jedem Lichtverhältnis atmosphärisch eindrucksvoll, sowohl wenn von oben das Sonnenlicht einfällt als auch beim Licht der Kerzen, die nur schwach das Innere der unterirdischen Kirchen erhellen. Beide Male entsteht an diesem heiligen Ort eine mystische Atmosphäre.

226-227 Lalibela, das afrikanische Jerusalem, offenbart immer wieder Bilder einer bewegenden Religiosität. Hier liest ein Gläubiger fortgeschrittenen Alters mit langem, grauen Bart im schwachen Licht einer Kerze aus der Bibel, um den Herrn zu preisen und in jenen heiligen Seiten die Wahrheit der Transzendenz zu finden.

228-229 Die Basilika Notre-Dame de la Paix in Yamoussoukro (Elfenbeinküste) mit ihren kolossalen Ausmassen zieht jedes Jahr Hunderttausende von Wallfahrern an; sie pilgern hierher, um vor der Muttergottes zu beten, einer elf Meter hohen Statue aus bemaltem Beton.

DIE BASILIKA VON YAMOUSSOUKRO

Der afrikanische Petersdom

Höhepunkt der Skyline von Yamoussoukro, 240 Kilometer nördlich von Abidjan gelegen, ist die Basilika Notre-Dame da la Paix (Unsere Liebe Frau des Friedens), ein gigantisches Bauwerk, das auf Initiative des ersten Präsidenten der Elfenbeinküste, Félix Houphouët-Boigny (1905-1993), entstand. Das auf seinem Landbesitz errichtete Bauwerk sollte seiner Geburtsstadt, die 1983 zur Hauptstadt der Elfenbeinküste erklärt wurde, zu mehr Glanz und Ruhm verhelfen. Die kostspieligen Arbeiten (250 Millionen Euro), die offiziell aus seinem Privatvermögen finanziert wurden, führten aber in dem von Schulden geplagten Land zu schweren wirtschaftlichen Problemen und erhöhten die Unzufriedenheit in der Bevölkerung.

Der ehrgeizige Kirchbau, entworfen von dem Architekten Pierre Fakhoury nach dem Vorbild des Petersdoms in Rom, wurde zwischen 1985 und 1989 aus italienischem Marmor errichtet und am 10. September 1990 von Papst Johannes Paul II. geweiht. Laut dem Guinnessbuch der Rekorde ist sie die größte und höchste Kirche der Welt, die Zahlen lauten: 30.000 Quadratmeter Fläche, 158 Meter Höhe, 7.000 Sitz- und 11.000 Stehplätze, 7.800 Quadratmeter bunt verglaste Fenster, 250 jeweils 30 Meter hohe Säulen sowie eine Kuppel mit einer Höhe von 250 Meter.

Kurz vor Vollendung der Basilika beschloss Houphouët-Boigny, an der Ostseite ein riesiges, in Frankreich handgefertigtes Mosaikfenster einbauen zu lassen, das Jesus und die Apostel, die Ankunft der ersten Missionare sowie Flora und Fauna Afrikas zeigen sollte. Aber auch der Ingenieur und der Architekt der Basilika sowie der Präsident selbst wurden darauf verewigt. Im Inneren gibt es eine kostbar gefertigte Krippe aus Ebenholz und ein goldenes Kreuz, das 13 Kilogramm wiegt.

Vor dieser „Kathedrale in der Wüste" im Herzen des afrikanischen Buschs, wo die Grenze zwischen Erhabenheit und Kitsch verschwimmt, liegen präzise angelegte, weiträumige Rasenflächen. Dieses der Maria geweihte Gotteshaus ist weit über die Grenzen der Elfenbeinküste hinaus bekannt und für alle Christen im westlichen Afrika ein wichtiger Bezugspunkt. Hundertausende von Pilgern kommen jährlich hierher, um vor der elf Meter hohen Marienstatue niederzuknien. Wallfahrten finden vor allem zu den wichtigen Marienfesten statt. Mitreißend sind auch die Hochfeste an Weihnachten und an Ostern. Die Gemeinschaft Sant'Egidio ist sehr aktiv, ihre Mitglieder organisieren regelmäßige Begegnungen und Gebetstage sowie spirituelle Seminare in der Basilika.

230-231 Die Basilika, ein über 250 Millionen Euro teures Kirchengebäude, wurde am 10. September 1990 von Papst Johannes Paul II. feierlich geweiht. Enorme Pilgerströme waren aus ganz Afrika gekommen, um an diesem grossen Ereignis teilzunehmen.

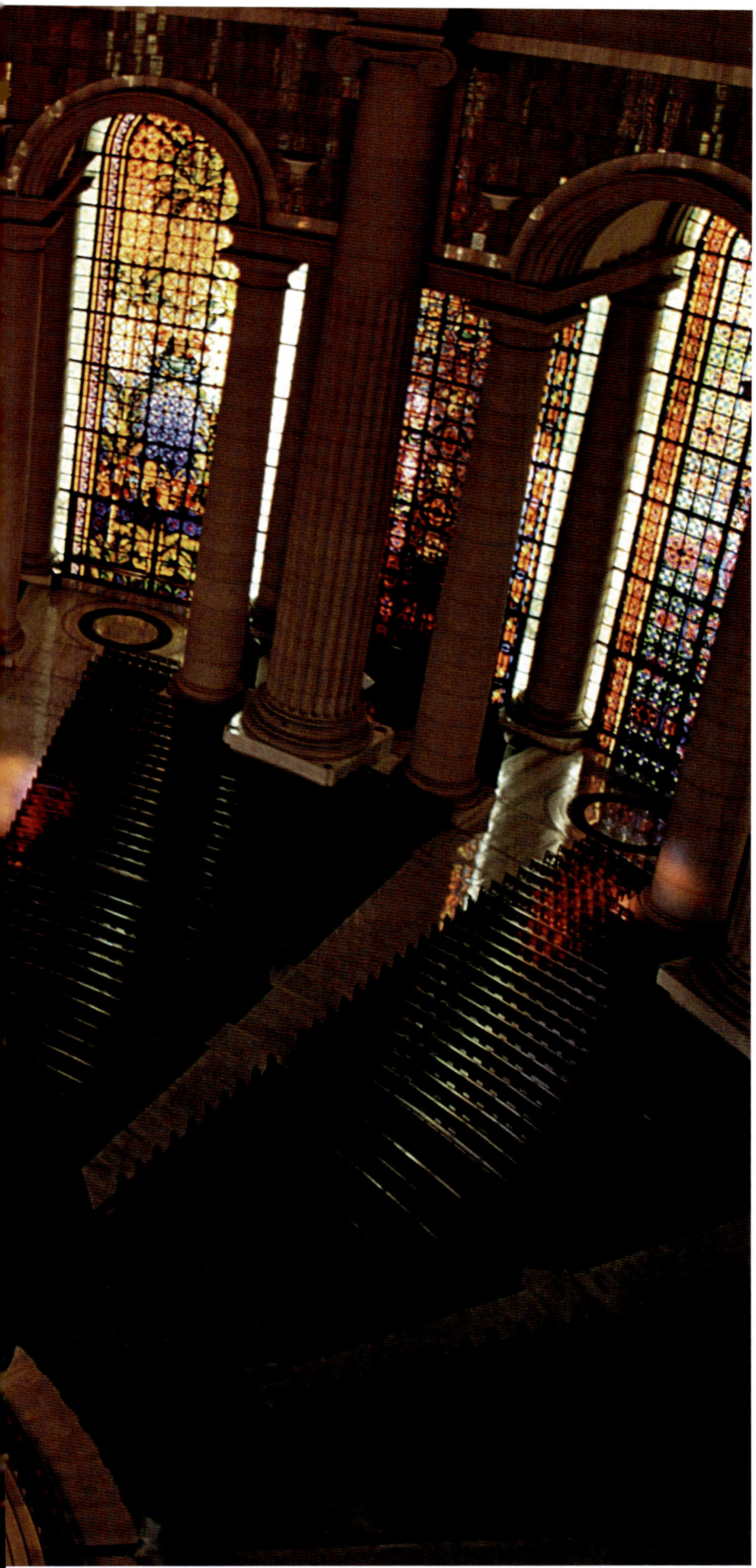

231 An der grossartigen und bewegenden Weihungszeremonie nahmen zahlreiche afrikanische Priester teil, Zeugen der Lebendigkeit und der Verwurzelung der katholischen Kirche auf dem gesamten afrikanischen Kontinent.

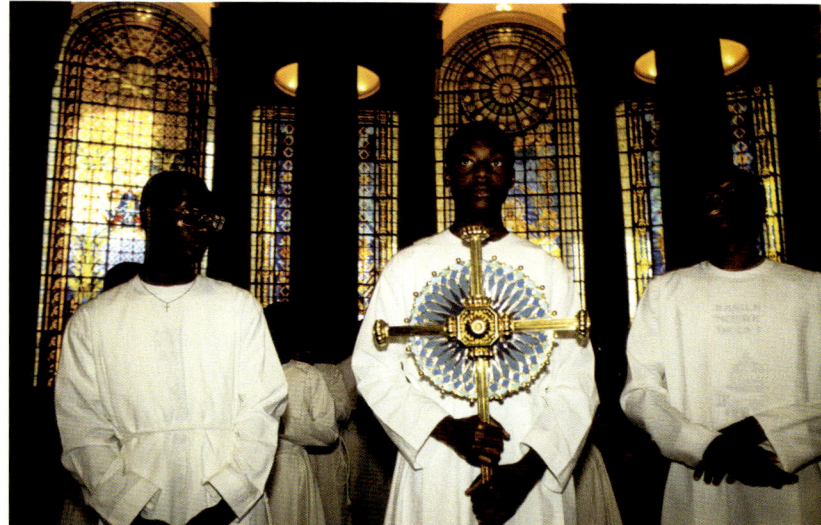

232-233 Das Tageslicht scheint durch 36 farbig gestaltete Bleiglasfenster, die eine Fläche von 7.800 Quadratmetern bedecken und von Christus, Maria und den Evangelien erzählen, aber auch die Ankunft der ersten Missionare sowie die Flora und Fauna in Afrika darstellen.

DIE BASILIKA NUESTRA SEÑORA DE GUADALUPE

Die aztekische Jungfrau von Mexiko-Stadt

Am 9. Dezember 1533 war Juan Diego unterwegs in einem Wald, der damals noch den Hügel Tepeyac bedeckte, heute ein Vorort von Mexiko-Stadt. Wo einst ein aztekischer Tempel der Göttin Tonantzin (Mutter aller Götter) stand, der bereits in der Zeit vor den Spaniern ein Pilgerziel war, erschien ihm die Muttergottes, dunkelhäutig und eingehüllt in einen goldbestickten blauen Umhang. Sie forderte ihn auf, ihr zu Ehren eine Kapelle zu errichten. Juan Diego erzählte Bischof Fray Juan de Zumárraga von diesem ungewöhnlichen Ereignis, der ihm aber nicht glaubte. Daraufhin zeigte sich Maria Juan Diego ein weiteres Mal und forderte ihn auf, die auf wundersame Weise am Berg erblühten Rosen zu sammeln und sie zusammen mit seiner Tilma, dem hellen Umhang der Azteken, auf den sie ihr Abbild geprägt hatte, zum Bischof zu bringen. Diese Tilma mit dem Gnadenbild hängt heute über dem Marmoraltar der neuen Basilika.

Seit damals ist „Unsere Liebe Frau von Guadalupe", die als Mutter aller Mexikaner bezeichnet und von den Gläubigen liebevoll „La Morenita" genannt wird, die Schutzpatronin Mexikos. Dem vorausschauenden spanischen Klerus erleichterte dieses Wunder das Werk der Bekehrung der indigenen Bevölkerungsgruppen.

Das seit mehr als 400 Jahren mit der Verehrung der aztekischen Jungfrau verbundene Heiligtum der Nuestra Señora de Guadalupe ist heute gut über die Avenida Insurgentes Norte zu erreichen, die mit 28,8 Kilometern längste Ortsstraße der Welt. Die erste, in das Jahr 1533 zurückgehende Basilika wurde auf dem Hügel von Tepeyac errichtet. Später, zwischen 1695 und 1709, wurde die große Wallfahrtskirche im Stil des Barock gebaut, die an jeder Ecke einen achteckigen Turm hat. Nachdem sie durch ein Erdbeben stark beschädigt worden war, wurde sie geschlossen und erst nach jahrelanger Arbeit im Jahr 2001 unter dem Namen Templo Expiatorio a Cristo Rey wieder eröffnet.

Sie wurde durch ein modernes Bauwerk, über dessen Architektur sich streiten lässt, ersetzt, das 1976 an einer etwas tiefer liegenden Stelle errichtet wurde. In dem nach Entwürfen des mexikanischen Architekten Pedro Ramírez Vázquez errichteten großen Rundbau mit geometrischen Strukturen aus Sichtbeton und Edelstahl sowie großflächigen Glasfenstern haben 20.000 Pilger Platz.

234-235 Am 12. Dezember, wenn das grosse Fest der Muttergottes gefeiert wird, finden sich auf dem grossen Kirchplatz vor der Basilika in Guadalupe Pilger ein, die aus ganz Mexiko angereist sind.

In dem nüchtern gehaltenen Innenraum befindet sich auf dem Hochaltar die Statue der Morenita. Über ein Rollband werden die Gläubigen unterhalb der Tilma am Gnadenbild vorübergeführt. Im angegliederten Museum sind kostbare Werke religiöser Kolonialkunst ausgestellt, in der Vorhalle Weihegaben unzähliger Pilger. Hinter der alten Basilika führt eine Treppe bis zur Capilla del Cerro, der Kapelle, die genau an der Stelle errichtet wurde, an der Juan Diego die Erscheinungen hatte. Von hier aus führt ein Weg zur Capilla de los Indios, seinem Wohnsitz zwischen 1531 bis 1548. Tag für Tag ziehen Pilger auf Knien über den riesigen Kirchplatz (Plaza de las Américas), der jährlich von 20 Millionen Gläubigen besucht wird, um Buße zu tun oder um bei der Jungfrau um Gnade zu bitten. Dazu lassen sie nach einem archaischen, heidnisch anmutenden Ritual unter Tränen Gebete und Anrufungen ertönen. Es sind mitreißende religiöse Volksfeste, die hier vor allem sonntags, zu allen Marienfeiertagen und am 12. Dezember, dem Gedenktag der Schutzpatronin, stattfinden. Zu diesen Anlässen wird um fünf Uhr nachmittags in der Basilika der Rosenkranz gebetet. Am 11. Dezember werden außerdem die Lieder der Serenata Popular und traditionelle liturgische Volkslieder (mañanitas) angestimmt. Um Mitternacht wird eine heilige Messe, die *Eucaristía Solemne* zelebriert. Am Tag darauf folgen verschiedene Messfeiern aufeinander bis zur feierlichen Mittagsmesse (*Celebración Eucarística y Bendición de las Rosas*), die der wundersamen Erscheinung der Morenita gewidmet ist. Viele Menschen kleiden sich zu diesen Anlässen nach Art der alten Azteken mit prächtigen, farbenfrohen Federn, Pektoralen, Beinschmuck und Kopfbedeckung.

236-237 Schon die Allerkleinsten sind bei diesem gemeinschaftlichen Ritual dabei, das jedes Mal eine Art sakrales Schauspiel ist. Ein Foto wie dieses, das die Kleinen, gehalten von ihrem Vater, vor dem Gnadenbild der Jungfrau zeigt, wird vermutlich einmal ein wichtiges Erinnerungsstück für sie sein

238 Viele der Pilger kommen zu Fuss, einige tragen in einem Akt der Hingabe und Sühne den ganzen Weg über grosse und schwere Bilder mit vergoldetem Rahmen auf dem Rücken, die die Virgen de Guadalupe in leicht naiven Zügen darstellen.

239 Das Gesicht der Pilger, die sich auf Knien über den Boden des Kirchplatzes schleppen, ist schweissüberströmt und von Schmerz und Erschöpfung gezeichnet. Langsam nur kommen sie in der Menge voran, die sie teilweise zu überrennen droht, angetrieben von einer Art mystischen Deliriums.

240 DER OBERE TEIL DER NEUEN BASILIKA WEIST EINE MODERNE
UND FUTURISTISCHE BAUWEISE AUF, DIE DAS MÄCHTIGE
KIRCHENGEBÄUDE AUFLOCKERT; BESONDERS STIMMUNGSVOLL IST ES,
WENN ER BEI SONNENUNTERGANG BUNT ANGESTRAHLT WIRD.

240-241 DAS INNERE DER KIRCHE IST EIN GEWALTIGER RAUM MIT
GROSSEN, EINGEFÄRBTEN GLASFENSTERN, DURCH DIE LICHT
HINEINSTRAHLT, IN DESSEN GLANZ SICH DIE GLÄUBIGEN VOR DEM
GROSSEN ALTAR VERSAMMELN, AN DEM DIE GOTTESDIENSTE
ZELEBRIERT WERDEN.

DIE BASILIKA NUESTRA SEÑORA DE GUADALUPE

242 Die Pilger zeigen ihre Hingabe an die Virgen de Guadalupe mit vielen spontanen Gesten, das Küssen ihres Abbildes auf grossen Tafeln und Wandteppichen ist eine davon.

242-243 Auch das Anzünden von Kerzen zu Ehren der Muttergottes ist ein Akt der Hingabe, bevor man mit den Gebeten beginnt, in denen man sie, in einem stummen, intensiven Zwiegespräch um Schutz und Hilfe anruft.

DIE KIRCHE VON SAN JUAN CHAMULA

Zwischen heilig und profan, die Religiosität der Indios

Im Süden Mexikos 10 Kilometer nördlich von San Cristóbal de Las Casas, der früheren Hauptstadt des Bundesstaates Chiapas, stößt man auf San Juan Chamula, einem kleinen, auf 2.200 Höhenmetern gelegenen Dorf, sagenumwobener Hauptort eines Gebiets mit über 74.000 Chamula-Indios. Strahlend weiß mit blau-grünen Verzierungen im Bogen des Portals beherrscht die Kirche von San Juan Bautista (Johannes dem Täufer) den Platz des Ortes, in ihrem Innenraum befinden sich wundervolle Heiligenstatuen aus Holz. Hierher kommen die Einwohner von Chamula, um nach einem festen Ritual zu beten. Auf dem mit duftenden Tannennadeln bedeckten Fußboden, ein Zeichen der Fruchtbarkeit des Bodens und der Verbindung zwischen Mensch und Mutter Natur, zünden sie Kerzen in unterschiedlichen Farben an, je nachdem mit welcher Bitte sie sich an die Heiligen bzw. Götter wenden: weiße (für das allgemeine Wohlbefinden und Nervenprobleme), grüne (für die Arbeit und für Probleme im Zusammenhang mit dem Wald, der als spirituelles Wesen betrachtet wird), rote (für die Liebe und Verletzungen), braune (für Probleme hinsichtlich des Bodens oder der Ernte), schwarze (bei Lebensgefahr) und gelbe (für die Gesundheit).

Die Symbolik verstrickt sich immer mehr in dem undurchschaubaren Ritual: Es werden Blütenblätter verteilt und Kerzenbündel sowie improvisierte Weihrauchbehälter durch die Luft geschwenkt, von denen ein süßlich-schwerer Duft ausgeht. Auf die Gnadenbilder wird Aguardiente gespritzt, damit der Alkohol, wenn er sich verflüchtigt, die Gebete schneller zum Himmel trägt. Zum Ritual gehören auch ergiebige Rülpser nach dem Genuss von Coca-Cola. Dieses Getränk der Gringos, Symbol der Globalisierung des Geschmacks, wird hier zu religiösen Zwecken benutzt: Es soll von bösen Geistern befreien, die in den Gedärmen hausen. Dann ziehen die Gläubigen auf Knien vor die hölzernen Statuen ihrer bevorzugten Heiligen, mit denen sie sich in leidenschaftliche Gespräche vertiefen. Die Heiligenbilder tragen Spiegel am Hals, in denen sich das Gesicht des Pilgers reflektiert, und sind mit geheiligten Gewänder gekleidet.

Der Statue von San Juan Bautista, der hier noch mehr als Christus verehrt wird, kommt der wichtigste Platz in der Kirche zu. Als Schutzpatron des Ortes stehen ihm acht von der Bevölkerung für die Dauer eines Jahres gewählte Mayordomos zur Seite, die sein Abbild, die Masken und die bei den Festen und Zeremonien angelegten Kleider bewachen.

244-245 Anlässlich der Feiertage für Johannes den Täufer (22.-25. Juni) ist der grosse Platz vor dem *Templo de San Juan*, einer strahlend weissen Kirche mit grün-blauen Verzierungen am Portalbogen, mit Pilgern gefüllt, die vor allem aus den auf den Anhöhen von Chiapas liegenden Dörfern stammen.

Auch einige Curanderos sind dabei, Schamanen, die die Körper ihrer Patienten unter Gesang und geheimnisvollen Formeln mit Eiern und zerriebenen Knochen einreiben.

Überwältigend sind die religiösen Feste und Zeremonien anlässlich derer die prächtigsten, von den Frauen handgewebten Kleidungsstücke der traditionellen Tracht getragen werden. Die spektakulärsten Festtage sind der Karneval, der sich an Riten der Maya anlehnt, und das Fest des Schutzheiligen (22.-25. Juni); etwa 20.000 Menschen kommen dann zum Tanzen, Essen, Trinken und zu den Gottesdiensten zusammen.

Mit dem Verschwinden der Religion ihrer Ahnen, hinweggefegt von den Schwertern der Conquistadores, wurde die katholische Religion für die Indios eine Brücke zum Übernatürlichen, mit der sie ihrer Existenz auf der Erde einen Sinn zu geben versuchten. Die starre Strenge der katholischen Religion zielte jedoch darauf ab, das den phantasievollen Volksritualen eigene kreative und belebende Element zu unterdrücken. Für die Indios reichte das neue Credo aber nicht aus, um sich das Leben zu erklären, und genau aus diesem Grund überlebte der traditionelle Glaube mit seinen Zaubern und Ritualen. Die christlichen Heiligen sind für sie im Grunde nichts anderes als die Götter ihrer Ahnen, Ausdruck jenes religiösen Synkretismus, der den gesamten katholischen Glauben der indigenen Völker in Mexiko und ganz Lateinamerika durchzieht.

246-247 Am Fest des Schutzpatrons von San Juan de Chamula nehmen etwa 20.000 Menschen teil, die teilweise groteske Masken tragen und farbenprächtig nach traditioneller Art gekleidet sind. Wie in einem mystischen, an Trance grenzenden Ritual vollführen viele von ihnen Tänze. Danach nehmen sie an den feierlichen Messen und den Rosenkranzgebeten teil, die in der kleinen Kirche zelebriert werden.

248-249 Besonders hingebungsvoll zeigen sich die zur ethnischen Gruppe der Tzotzil gehörenden Frauen, die auf dem Boden der Kirche kniend beten, das Gesicht dem Hochaltar zugewandt, an dem das Gnadenbild Jesu bewahrt wird. Von der Seite aus schauen ihre kleinen Töchter sie erstaunt an, in frommer Stille lernen sie so die alten Gebete, die von Generation zu Generation weitergegeben werden.

250-251
EIN SPEKTAKULÄRER MOMENT WÄHREND DES
FESTES IST DIE ANKUNFT DER MITGLIEDER DER
VERSCHIEDENEN BRUDERSCHAFTEN IN IHREN
TRADITIONELLEN TRACHTEN. SIE TRAGEN GROSSE,
HANDBESTICKTE, IM WIND FLATTERNDE
STANDARTEN, DIE HEILIGE SYMBOLE DER
JEWEILIGEN BRUDERSCHAFTEN DARSTELLEN; ES
HANDELT SICH UM RELIGIÖSE BILDER UND ALTE
SYMBOLE DER MAYA.

DAS FEST DES SEÑOR DE LOS MILAGROS IN LIMA

Die „Grandeur" der Conquistadores im Zeichen des Kreuzes

Seit 1687 wird in Lima jedes Jahr am 18. und am 19. Oktober das Fest des Señor de los Milagros gefeiert, der auch liebevoll Christus von Pachacamilla oder Cristo Moreno (Schwarzer Christus) genannt wird. Das Herzstück dieses großen Festes, das zu dieser Zeit das Leben aller Limeños bestimmt, ist die Prozession, die durch die Straßen der Hauptstadt zieht. Sie gilt als wichtigste religiöse Kundgebung ganz Südamerikas. Mitten durch die betende Menge wird das Abbild des Schwarzen Christus getragen, das fast 2.000 Kilogramm wiegt. Viele der Gläubigen tragen traditionelle violette Gewänder mit weißem Band und Sandalen, einige gehen barfuß. Etwas feierlicher, aber immer noch in Violett, ist die Kleidung der Geistlichen, Offiziellen und Mitglieder der verschiedenen Bruderschaften. Mit diesem spektakulären Fest wird eines Wunders gedacht, das sich 1655 vollzog, als ein furchtbares Erdbeben fast ganz Lima zerstörte. Einzig ein Abbild des gekreuzigten Christus blieb von der Zerstörung verschont, das ein ehemaliger Sklave aus Angola auf eine Lehmmauer im Viertel Pachacamilla gemalt hatte. Um dieses herum wurde zu Beginn des 18. Jahrhunderts ein Gebäudekomplex errichtet, zu dem neben der Wallfahrtsstätte auch das Kloster Las Nazarenas gehört. Von diesem Heiligtum aus ziehen Tausende Pilger los, um unter Gesängen und Gebeten das Gnadenbild zu begleiten.

In Lima gibt es aber noch drei weitere außergewöhnlich Kirchenbauten, die eine große Rolle spielen: das Franziskanerkloster, das Dominikanerkloster und das Kloster der heiligen Rosa von Lima. Das von Franziskanermönchen bewohnte Monasterio de San Francisco liegt am gleichnamigen Platz und wurde im Jahr 1546 gegründet. Die bedeutendsten Gebäudeteile sind die Bibliothek aus dem 17. Jahrhundert, in der 25.000 in Leder gebundene Bücher und 6.000 Pergamente aus der Zeit zwischen dem 15. und dem 18. Jahrhundert aufbewahrt werden, die Holzkuppel aus Panamazeder (1625), ein wundervolles Beispiel für den Mudéjar-Stil, und die buntgekachelte Vorhalle. Im Chor der Kirche stehen 130 Chorstühle und 71 Holztafeln mit Bildern der Heiligen des Franziskanerordens.

In Jirón Camana y Conde de Superunda steht das dominikanische Monasterio de Santo Domingo (16. Jahrhundert), an dessen Rückseite eine enge Treppe zur Krypta führt, wo die drei Schutzheiligen Limas bestattet sind: der Selige Juan Masías, die heilige Rosa von Lima und der heilige Martín de Porres.

Jenseits der Avenida Tacna schließlich steht das Kloster der heiligen Rosa von Lima. Sie kam als Isabel Flores de Oliva (1586-1617) zur Welt und ist die Schutzpatronin Perus, der Philippinen und Lateinamerikas, außerdem der Gärtner und Blumenhändler. Sie war die erste Frau Amerikas, die heiliggesprochen wurde. Die Dominikaner-Terziarin widmete ihr kurzes Leben ganz der Pflege der Armen und Kranken. Sie war unermüdlich in ihrem Bestreben, die Evangelisierung der Andenbewohner voranzutreiben, trat aber nie in ein Kloster ein. Spektakuläre Prozessionen, Ausdruck einer leidenschaftlichen und volksnahen Religiosität, finden in der ihr geweihten Wallfahrtskirche statt, in die tagtäglich Pilger strömen. Die wichtigsten Festtage sind der 23. und der 30. August, an denen ihr Gedenktag mit einer spektakuläre Prozession durch die Altstadt gefeiert wird. Neben dem Geburtshaus der heiligen Rosa haben die Dominikaner außerdem eine kleine Kirche errichtet, in der ein Jesuskind verehrt wird, das El Doctorcito (der kleine Doktor) genannt wird; man glaubt, dass es durch das Wirken der Heiligen Kranke heilt. Im Hof ist ein kleines Ziegelhaus, das Isabel im Alter von 28 Jahren baute, um dort zu beten, und ein 19 Meter tiefer Brunnen, in den sie der Überlieferung zufolge den Schlüssel geworfen haben soll, mit dem sie die schwere Kette verschlossen hatte, die sie aus Buße um den Leib trug. Hoffnung ist auf den Gesichtern der Gläubigen zu lesen, die in den Brunnen kleine Zettel mit ihren Gebetsanliegen werfen im festen Vertrauen darauf, dass die Heilige ihnen helfen wird.

253 Jedes Jahr am 18. Oktober hält das Leben in der Hauptstadt Perus inne zum Fest des Señor de los Milagros, dessen Gnadenbild drei Tage lang in einer Prozession von der Kirche Las Nazarenas aus von einer Kirche zur anderen getragen wird.

254 Eine Besonderheit sind die *Sahumadoras*, dies sind Frauen aus Lima, die zum Fest des Señor de los Milagros betend der Prozession folgen und die Menge in Weihrauch einhüllen.

254-255 Die Frauen sind zu diesem feierlichen Anlass nach traditioneller Art gekleidet mit einer violetten Kutte, die bis zu den Knöcheln reicht und in der Taille von einem weissen Strick gehalten wird; dazu tragen sie ein handgearbeitetes kostbares Tuch aus weisser Spitze.

RELIQUIA
CRANEO SANTA ROSA DE LIMA

256 Die Wallfahrtskirche Santa Rosa erstrahlt in Gold, besonders kostbar ist der Hochaltar, aber auch die Stuckarbeiten sind vergoldet. Tagtäglich strömen Pilger zur Schutzpatronin von Peru, der Philippinen und Lateinamerikas, um sie um Heilung und Schutz zu bitten. Sie war die erste Frau Lateinamerikas, die heiliggesprochen wurde.

257 Vor einem Altar in der Kirche des Monasterio de San Francisco beten die Gläubigen nach einem alten Ritual mit Kerzen in der Hand.

DAS FRONLEICHNAMSFEST
IN CUSCO

Im Reich der Inkas und des religiösen Synkretismus

Im Zentrum von Cusco, dem „Nabel der Welt" für die Inkas und die einstige Hauptstadt ihres untergegangenen Reiches, liegt die Plaza de Armas. Die sie umgebenden großartigen Kirchen sind Ausdruck der Macht der Spanier. Der Bau der Kathedrale, zu der man durch die Kirche El Triunfo gelangt, dauerte von 1560 bis 1564. Die Fassade ist eine Mischung verschiedener Stile von der Renaissance bis zum Barock; im Innenraum zeigt sich ein ausgeprägter Synkretismus, eine Überlagerung unterschiedlicher kultureller Elemente. Einige der 372 Gemälde weisen indigene Stilelemente auf, wie zum Beispiel das sich hinter dem Hochaltar befindende *Letzte Abendmahl*, auf dem lokale Speisen und Getränke zu erkennen sind. Von den Seitenaltaren werden zwei besonders gern besucht: das vierte auf der rechten Seite mit einem nach der Katastrophe von 1650 gespendeten Kreuz, das dem Señor de los Temblores (dem Herrn der Erdbeben) geweiht ist sowie das der Jungfrau der Unbefleckten Empfängnis geweihte, das von jungen Frauen aufgesucht wird, um für ein Kind zu beten. Auf demselben Platz erhebt sich ein weiteres bedeutendes Gotteshaus, die Iglesia La Compañía de Jesús (1668), die Kirche der Jesuiten, deren Fassade hinsichtlich Eleganz und Harmonie die der Kathedrale übertrifft.

Der religiöse Festkalender von Cusco ist gefüllt mit Feierlichkeiten, an denen die ganze Stadt beteiligt ist; an ihnen wird der religiöse Synkretismus besonders deutlich. Die von den Spaniern eingeführten Feste wurden von den Peruanern zwar akzeptiert, allerdings verbinden sie damit weniger den katholischen Glauben als ihre alten Inkarituale. Spektakulär sind die Feierlichkeiten in der Karwoche, dazu gehört die Prozession des höchst verehrten Señor de los Temblores, dessen Abbild von der Kathedrale aus durch die Straßen der Stadt getragen wird.

Der ganze Glanz der peruanischen Folklore, aber auch die tiefe Religiosität dieses Volkes, das noch heute an den Ritualen seiner Vorfahren festhält, lässt sich an Fronleichnam erleben, hier „Corpus Christi" genannt, das jeweils 60 Tage nach Ostern stattfindet. Gefeiert wird es in ganz Peru, aber in Cusco ist es ein ganz besonderes Erlebnis. Das Fest beginnt schon in der Nacht zuvor, aber gegen elf Uhr morgens am Fronleichnamstag steht das eigentliche Ereignis bevor. Die Plaza de Armas, an der die Kathedrale steht, ist voll von Pilgern, die aus der Umgebung kommen, um an der Prozession teilzunehmen, die sich durch die Straßen der Stadt zieht und genau hier endet. Aus den umliegenden Dörfern und den anderen Kirchen der Stadt werden, gefolgt von Gläubigen, die Statuen von 15 Heiligen und ebenso viele Madonnen bis zur Kathedrale getragen, wo sie in einer Art mystischen „Gruß" dem Leichnam Christi die Ehre erweisen; dessen Abbild wird in der großen Kirche bewahrt, eingeschlossen in eine Truhe aus massivem Gold, die 26 Kilogramm schwer und 1,20 Meter hoch ist. Die Indios nehmen in ihrer traditionellen Tracht an dem Fest teil, denn das katholische Fest fällt zusammen mit der Prozession der Mumien der letzten Inka-Herrscher. Den ganzen Tag über erklingt weithin die *Maria Angola* – die größte Glocke Perus, die im 16. Jahrhundert unter dem Domherrn Diego Arias de la Cerda hergestellt wurde –, die zum Gebet ruft. Nach dem Gottesdienst treffen sich auf dem Platz die Vertreter der Städte und Gemeinden, um öffentlich über Probleme zu diskutieren. Am achten Tag nach der Prozession (*el octavo día sagrado*) kehren die Abbilder der Heiligen und der Madonnen in einer Prozession wieder in die Kirchen zurück, aus denen sie genommen wurden und wo sie für den Rest des Jahres bleiben.

260 Auf der Plaza de Armas finden vor der barocken Kathedrale die wichtigsten Prozessionen statt, an denen Tausende Pilger teilnehmen. Auf diesem Foto wird die Marienstatue, die in andalusischem Stil mit kostbaren Kleidern geschmückt ist, auf Schultern durch die Menge getragen.

260-261 Die in Bruderschaften gruppierten Männer, gekleidet in blaue Hemden und schwarze Hosen, ziehen die grossen farbenfrohen Prozessionsstatuen aus Holz hinter sich her, angeführt vom „Mayordomo", dem Anführer der Bruderschaft im weissen Hemd. Der Zug bewegt sich unter den Gebeten und Anrufungen der Menge von der Plaza de Armas zu den Strassen der Umgebung.

262-263 AUCH FRAUEN NEHMEN AN DER FRONLEICHNAMSPROZESSION TEIL.
MIT EINEM GEBET AUF DEN LIPPEN ZIEHEN SIE DURCH DIE STRASSEN UND ZEIGEN
SICH MIT STOLZ IN IHRER TRADITIONELLEN KLEIDUNG, AUSDRUCK IHRER
KULTURELLEN IDENTITÄT. EIN BUNTES BILD MIT WEISSEN, HOHEN HÜTEN UND DEN
BUNTEN TRAGETÜCHERN, IN DENEN DIE KINDER GETRAGEN WERDEN.

DAS FEST DES
SEÑOR DE QOYLLUR RIT'I

Auf der Suche nach dem Schneestern

Das Fest des Señor de von Qoyllur Rit'i, was in Qechua, der Sprache vieler Andenvölker, etwa Schneestern bedeutet, ist ein hervorragendes Beispiel für den religiösen Synkretismus in Peru, wo sich der Katholizismus mit den Ritualen der Vorfahren dieser Völker überlagert und vermischt, die ihre Götter nie vergaßen und sie noch heute gleichzeitig mit den Heiligen der Conquistadores verehren. Diese Wallfahrt, eine der größten und bizarrsten Lateinamerikas, findet im Herzen der Anden statt, im Tal von Sinakara in der Provinz Quispicanchis, nicht weit von Cusco. Ende Mai oder Anfang Juni, eine Woche vor Fronleichnam, findet dieses spektakuläre, mehrere Tage dauernde Fest statt.

Der Überlieferung zufolge sollen die Anfänge dieser Wallfahrt bis 1780 zurückgehen. Die Legende erzählt von einer Begegnung auf dem Berg Colquepunku zwischen dem Hirtenjungen Mariano Mayta und Manuel, einem Mestizen. Dank Manuel gelang es Mariano, dass seine Herde sich gut entwickelte, und so wollte der Vater zur Belohnung beiden Jungen neue Kleider machen lassen. Das als Muster dienende Stück Stoff aus Manuels Poncho war aber aus einem so feinen und seltenen Gewebe gemacht, wie es sonst nur für Gewänder für den Bischof verwendet wurde. Darüber informiert schickte dieser eine Gruppe Bewaffneter los, um Nachforschungen anzustellen. Als diese versuchten, Manuel zu ergreifen, wurden sie von einem starken weißen Licht geblendet, während der Junge sich durch ein Wunder in einen Tayanka-Strauch (*Baccharis odorata*) verwandelte, auf dem das Abbild eines blutenden Christus erschien. Mariano, der glaubte, er sei schuld am Verschwinden des Freundes, starb auf rätselhafte Weise. Er wurde am Fuße eines großen Felsens am Berg Sinakara beerdigt. Auf eben jenem Felsen tauchte ein Abbild Christi auf, das als Señor de Qoyllur Rit'i bekannt wurde.

Der Ort wurde innerhalb kurzer Zeit ein wichtiges Pilgerziel, an dem sich die Religiosität der Andenbewohner sehr deutlich zeigt. Die alljährlich hier stattfindende Wallfahrt ist ein großartiges religiöses Ereignis, das tief in den Traditionen der indigenen Bevölkerung verwurzelt ist. Es besteht aus verschiedenen Zeremonien, die zurückgreifen auf die seit jeher in dieser Region durchgeführten Fruchtbarkeitsriten. Mehr als 40.000 Pilger kommen im Tal von Sinakara am Fuß des Ausangate, einem mächtigen, oberhalb des Dorfes Mahuayani liegenden Bergmassiv von 6.372 Meter Höhe zusammen, um das Gnadenbild Jesu zu ehren. Auch stellen sich Tausende von Tänzern in grellbunten traditionellen Trachten mit bizarren Kopfbedeckungen und phantasievollen Masken ein. Während Musik und Gesang das Tal durchdringen, tragen die Gläubigen Kreuze mit einem Abbild des Gnadenbildes, das sich auf dem Felsen am Grab des kleinen Mariano zeigte, und eine Statue der Madonna von Fátima aus der Kirche von Sinakara in einer Prozession bis zu einer Grotte auf den umliegenden Anhöhen.

Am Morgen des dritten Tages steigt eine Gruppe von *ukuku*, geschickte und kräftige Bergsteiger der Gegend, bis auf den Gipfel des Colquepunku, der von ewigem Schnee und Gletschern bedeckt ist, um den Schneestern, den Qoyllur Rit'i zu suchen, der sich dem hiesigen Glauben nach eingeschlossen im Schoß des Berges befinden soll; dieser ist im Grunde nichts anderes als heiliges Wasser des Ausangate. Bei ihrer Rückkehr tragen die wagemutigen Bergsteiger auf ihren Schultern die Kreuze, die sie unterwegs zusammen mit großen Eisblöcken gefunden haben und die als heilig und wundertätig gelten, als Vorzeichen reicher Ernte und guter Gesundheit. Wenn sie schmelzen, dienen sie dazu, die kleinen, mühevoll in den steilen Berghängen auf Terrassen angelegten Anbauflächen zu bewässern und Krankheiten zu heilen.

265 WÄHREND DES FESTES DES SEÑOR DE QOYLLUR RIT'I BETEN DIE PILGER IN GRUPPEN, EINGEHÜLLT IN IHRE TRADITIONELLE KLEIDUNG KNIEN SIE AUF DEM NACKTEN BODEN, DABEI ZÜNDEN SIE KERZEN AN, UM IHRE GEBETE WIRKUNGSVOLLER WERDEN ZU LASSEN.

Peru

264

266 Einer der *UKUKU* – geschickte Bergsteiger – in der typischen Tracht mit von einer weissen Maske bedecktem Gesicht kämpft sich voran unter dem Gewicht eines grossen Holzkreuzes, das im Schnittpunkt der Balken das Abbild des Señor de Qoyllur Rit'i trägt. Gemeinsam mit einem Gefährten, der eine lange Büssergeissel trägt, ist er unterwegs zum Gletscher des Colquepunku.

266-267 Über Felsen und Geröll zieht die Prozession über das grosse Plateau. Heraus ragt das grosse Kreuz mit dem Señor de Qoyllur Rit'i, das auf einer Art Sänfte von einer Gruppe Pilger getragen wird. Rings umher drängen sich die Pilger, viele tragen Masken vor dem Gesicht, die teilweise in ihren Gesichtszügen an die spanischen Conquistadores erinnern.

268 Auf dem vom ewigen Eis bedeckten Gletscher angekommen, stellen sich die Pilger im Kreis auf und beginnen unter Gebeten und Gesängen mit der Suche nach den reinsten und heiligsten Eisblöcken.

268-269 Viele Gläubige gehen weiter bis auf den Gipfel des Berges, wo sie das mühsam hinaufgetragene Kreuz aufstellen werden. Die Anstrengung ist riesig, aber der Glaube verleiht ihnen Kraft und Mut.

270 OBEN DEN EINHEIMISCHEN ZUFOLGE SOLL DAS LICHT DER KERZEN DEN KONTAKT ZUM GÖTTLICHEN HERSTELLEN, ZU JENEM ERBARMUNGSVOLLEN CHRISTUS, DEN SIE MIT DEN GOTTHEITEN IHRER VORFAHREN ASSIMILIEREN, DIE NIE IN VERGESSENHEIT GERIETEN UND NOCH HEUTE VEREHRT WERDEN.

270 UNTEN DECKEN UND PONCHOS AUS BUNTER WOLLE MIT GEOMETRISCHEN MUSTERN SCHÜTZEN DIE JUNGEN FRAUEN KAUM VOR DER BEISSENDEN KÄLTE IN DEN BERGEN, DIE SIE ABER KAUM SPÜREN, DA SIE TIEF IN IHRE RITUALE UND GEBETE VERSUNKEN SIND.

271 EIN PILGER AUF KNIEN, DIE HÄNDE UM DIE GROSSE, BUNT DEKORIERTE KERZE GESCHLUNGEN, SCHEINT IM EWIGEN SCHNEE ZU VERSINKEN, WÄHREND ER GEBETE ZU CHRISTUS SPRICHT, UM SCHUTZ UND DAS EWIGE HEIL ZU ERBITTEN – EIN BEWEGENDER DIALOG MIT DEM GÖTTLICHEN.

DIE BASILIKA DER JUNGFRAU VON COPACABANA UND DER CERRO CALVARIO

Auf dem Dach der Welt mit der Virgen Morena

Umgeben von den hohen Gipfeln der Cordillera Real, inmitten eines riesigen, von Gletschern gegrabenen Tals liegt der Titicacasee, an dessen Ufern sich Copacabana spiegelt. Der auf 3.800 Meter Höhe liegende Ort, bestehend aus niedrigen, weißgetünchten Häusern mit roten Dachpfannen, schmiegt sich eng um die Basilika. Das völlig weiße Gebäude mit barocker Voluten und Kuppeln, die mit bunt glasierten Azulejo-Fliesen gedeckt sind, wurde 1605 errichtet.

Im Innenraum dieses bolivianischen Lourdes wird die dunkle Jungfrau vom See, die Virgen Morena del Lago, verehrt; hier zeigt sich der Synkretismus von Christentum und indigenen Traditionen der Yatiri, den Schamanen. Die hölzerne Statue, ein Werk von Tito Yupanqui (Neffe des berühmten Inkaherrschers Huayna Cápac), wurde, seit sie 1583 über dem Altar aufgestellt wurde, an keinen anderen Ort mehr gebracht. Der Legende nach begannen ab jenem Zeitpunkt die Wunder, darunter das Ende einer Reihe von verheerenden Überschwemmungen des Titicacasees. Dem hiesigen Glauben zufolge würde es erneut zu furchtbaren Überschwemmungen kommen, brächte man die Statue fort.

Zur Basilika gehört ein nur von Votivkerzen erleuchteter Gang, in dem die Gläubigen sich ganz dem Gebet hingeben. Die mystische Stimmung dieses Ortes bildet einen angenehmen Gegensatz zu dem belebteren Bereich der Basilika, in der das berühmte Gnadenbild der Jungfrau verehrt wird.

Jeden Tag zwischen 10 und 11 Uhr findet auf dem Kirchplatz die „Segnung der Autos" statt: Vor allem samstags stehen geschmückte Autos, Busse und Lastwagen in ordentlichen Reihen, um mit Weihwasser gesegnet zu werden. Die Besitzer und Fahrer erbitten so den Schutz der Jungfrau, damit sie sie vor möglichen Unfällen bewahrt. Große Wallfahrten finden Anfang Februar zu Mariä Lichtmess statt sowie am 5. und 6. August zum Gedenktag der Muttergottes, der mit dem Unabhängigkeitsfest zusammenfällt. Einige Pilger kommen zu Fuß aus La Paz oder einsamen Andendörfern, manche legen mehr als 160 Kilometer zurück.

Neben der Basilika befindet sich das Museum für religiöse Kunst mit wertvollen Gemälden und Holzskulpturen. Eine gepflasterte Straße führt zum 4.007 Meter hohen Cerro Calvario, der über dem See liegt und die Bucht von Copacabana zweiteilt. Der Anblick ist sowohl bei Sonnenauf- als auch bei Sonnenuntergang unvergleichlich.

Am Karfreitag kommen Pilger aus ganz Südamerika hierher; sie wollen ein Gelübde ablegen und Buße tun, indem sie den aus 14, jeweils durch ein großes Kreuz gekennzeichneten Stationen bestehenden Kreuzweg beschreiten, der zum Cerro Calvario hinaufführt. An jeder Station halten die Gläubigen inne, beten und legen einen Stein ab. Zwischen Konfetti und Wunderkerzen halten sie, auf dem Gipfel angekommen, einen Gegenstand in der Hand, der das verkörpert, um das sie die Jungfrau und die Pachamama, die Mutter Erde, bitten möchten. In ihrer Vorstellung handelt es sich dabei um ein einziges göttliches Wesen. Diesem schenken sie zuerst etwas Chica aus, bolivianisches Maisbier, dann kommt das Wasser im See an die Reihe und schließlich stoßen sie auf sich selbst an. Danach verbrennen sie Weihrauch, zünden eine Kerze an und kaufen wiederum kleine tönerne Miniaturgegenstände, die sie sich für das nächste Jahr von der Jungfrau erhoffen. Die Prozession, die abends bei Kerzenschein stattfindet, ist überwältigend.

274-275 DIE IM ZENTRUM VON COPACABANA LIEGENDE BASILIKA IST VON STRAHLEND WEISSEN MAUERN UMGEBEN UND MIT VON BUNTEN KACHELN VERKLEIDETEN KUPPELN UND BÖGEN. HIER KOMMEN TAG FÜR TAG DIE PILGER MIT DEN VERSCHIEDENSTEN VERKEHRSMITTELN AN. RINGS UM DIE KIRCHE KANN MAN RELIGIÖSE SOUVENIRS KAUFEN.

275 WEIHRAUCH, WEIHWASSER UND GEBETE SIND DIE BESTANDTEILE DER RITUALE, DIE DIE PRIESTER AUF BITTEN DER GLÄUBIGEN DURCHFÜHREN. IN DIESEM FALL WIRD EIN SPIELZEUGAUTO GESEGNET, DAS EINEN STÄDTISCHEN BUS DARSTELLT.

276 Zu den wichtigsten Festtagen kommen die Pilger nicht nur aus Bolivien, sondern auch aus dem nahe gelegenen Peru. Die verschiedenen ethnischen Gruppen in ihren Trachten bieten ein wahres Fest für die Augen.

276-277 Für fromme Pilger ist es vor allem am Festtag der heiligen Jungfrau ein Muss, die steinigen Hänge des Cerro Calvario, des Kalvarienbelgs, und der umliegenden Hügel zu erklimmen.

278 In der Umgebung von Copacabana gibt es zahlreiche Wallfahrtsstätten. Einige davon liegen hoch über dem Titicacasee auf steilen Felsen, von denen aus man einen spektakulären Blick hat. Gross und Klein klettert in Stille bis auf den Gipfel hinauf.

278-279 Auf diesem scheinbar am Rand des Unendlichen liegenden Plateau beginnen die Schamanen mit den magischen Ritualen der Vorfahren. Vor allem junge Paare werden mit Räucherwerk gesegnet, damit sie bald Nachwuchs bekommen.

DIE WALLFAHRTSSTÄTTE VON APARECIDA

Der wundersame Fang der Schutzpatronin Brasiliens

Die Wallfahrtsstätte „Unserer Lieben Erschienenen" befindet sich in Aparecida (portugiesisch für „erschienen"), einer kleinen Stadt 168 Kilometer nördlich von São Paulo. An diesem wichtigsten Marienheiligtum Brasiliens, das in Bezug auf die Besucherzahl weltweit an zweiter Stelle steht, wird die Schutzpatronin Brasiliens verehrt, deren Gedenktag der 12. Oktober ist. Allein an diesem Tag kommen über 200.000 Pilger hierher, um der feierlichen Messe in der neuen Basilika beizuwohnen und die Muttergottes um Gnade und Schutz zu bitten.

Ihr Kult besteht seit 1717, als drei Fischer in ihren Netzen, die sie im Rio Paraíba ausgeworfen hatten, eine kleine Tonstatue der Maria ohne Kopf fanden. Nachdem die Fischer voller Staunen erneut das Netz in den Fluss ausgeworfen hatten, fand sich darin auch deren schwarzer Kopf. Als sie die nur 40 Zentimeter große und etwa drei Kilogramm schwere Statue an Land brachten, wurde diese plötzlich so schwer, dass niemand sie mehr tragen konnte. 15 Jahre lang befand sich die Statue im Haus von Felipe Pedroso, einem der drei Fischer; hier kamen die Leute aus dem Ort zusammen, um den Rosenkranz zu beten. Damals begannen außergewöhnliche Ereignisse und Wunder, weshalb sich der Kult über den Ort hinaus in ganz Brasilien ausbreitete. Die Statue wurde zur Heiligen Mutter, zur Schutzheiligen der Schwangeren, der Neugeborenen, der Flüsse, des Meeres, des Goldes, des Honigs, der Schönheit und der Verführung erklärt. Vor allem aber konnte sie sogleich die Herzen der indigenen Bevölkerung des Landes erobern, die damals in Sklaverei lebten, ausgebeutet und an den Rand gedrängt. Im Jahr 1737 ließ der Vikar von Guaratinguetá eine Kapelle errichten, in der die immer zahlreicheren Pilger beten konnten. 1834 wurde im Stil des Barock die alte Basilika gebaut mit zwei Türmen seitlich der Fassade. Heute befindet sich in ihr die spektakuläre *Capela da Velas*, diese Kapelle ist beleuchtet von einer Unmenge an Kerzen. Sie repräsentieren die Gebetsanliegen und Danksagungen der Gläubigen für erteilte Gnaden oder Wunder. Die alte Basilika ist durch einen 500 Meter langen, S-förmigen Steg („Brücke des Glaubens") mit der neuen Basilika verbunden, die von 1955 an nach Plänen des brasilianischen Architekten Benedito Calixto de Jesus Neto errichtet wurde.

280-281 Am 12. Oktober, dem Fest der Muttergottes, ist die Pilgerstätte Nossa Senhora da Conceição Aparecida belagert von Pilgern aus allen Teilen Brasiliens, die die davorliegende Zufahrtsstrasse und den grossen Kirchplatz bevölkern.

282-283 Die Stimmung ist mitreissend, wenn die Pilger während der Gottesdienste im Gebet die Jungfrau anrufen: Wie in mystischer Trance erheben sie ihre Arme zum Himmel und rufen laut Marias Namen.

Am 15. August 1967 schenkte Papst Paul VI., im Gedenken daran, dass 250 Jahre zuvor das Gnadenbild im Fluss gefunden wurde, der Madonna eine Goldene Rose (eine päpstliche Auszeichnung, die neben Herrschern und Herrscherinnen auch besonderen Wallfahrtsorten verliehen wird), die zu Füßen ihres Thrones gelegt wurde; dieselbe Geste wiederholte Benedikt XVI. auf seiner Wallfahrt nach Aparecida im Mai 2007. Die von Johannes Paul II. im Juli 1980 geweihte Kirche ist so gewaltig, dass sie auch aus großer Entfernung noch zu erkennen ist. Sie hat einen über 100 Meter hohen Glockenturm und eine beeindruckende Kuppel mit einem Durchmesser von 70 Metern. Die Grundfläche der Kirche beträgt 18.000 Quadratmeter, hier finden etwa 46.000 Gläubigen Platz. Der Innenraum ist in vier Kirchenschiffe aufgeteilt, die ein Kreuz bilden.

Im Kellergewölbe liegt der Raum der Wunder und Gelöbnisse, wo die Weihgaben aufbewahrt werden, die Gläubige als Zeugnis der erhaltenen Gnade hinterlassen.

Zahllose Fotografien bedecken die Wände des Raumes. Seit 1894 steht die Wallfahrtsstätte unter der Aufsicht der Redemptoristen. Aparecida ist das bedeutendste Marienheiligtum des Landes und daher eine wichtige Wallfahrtstätte: Sieben Millionen Menschen kommen jährlich aus Brasilien und der Welt hierher. Anlässlich des Unabhängigkeitstags am 7. September finden sich besonders viele Arbeiter ein.

283 DIE SCHWINDELERREGEND STEIL NACH OBEN GEHENDEN MAUERN DER KIRCHE KÖNNEN KAUM DIE MASSEN AN PILGERN AUFNEHMEN, DIE JEDEN WINKEL BELEGEN. DICHT ANEINANDERGEDRÄNGT BETEN DIE GLÄUBIGEN INBRÜNSTIG UND BITTEN DIE JUNGFRAU UM GNADE UND WUNDERTATEN.

284 Während der kirchlichen Zeremonien zünden die Gläubigen zum Zeichen ihrer Hingabe lange Kerzen aus Talg an. Frauen vertrauen sich ganz der Jungfrau an und bitten sie um die Gnade, Mutter zu werden, ihre Kinder zu beschützen oder ihre Liebe zu festigen.

284-285 Die kleine Statue der Schutzheiligen Brasiliens mit der schweren Krone aus Gold auf dem Haupt und dem kostbaren Samtgewand mit Edelsteinen ist umgeben von Tausenden und Abertausenden von Kerzen, die die Pilger ihr zu Ehren angezündet haben. Beinahe ein Heiligenschein aus Flammen, der Tag und Nacht leuchtet.

FOTONACHWEIS

S. 2-3 Gianni Giansanti
S. 5 David Lees/Corbis
S. 7 Kazuyoshi Nomachi/Corbis
S. 10-11 Marcello Bertinetti/Archivio White Star
S. 12-13 Klammer/laif/Contrasto
S. 14 Michael Dalder/AFP/Getty Images
S. 15 Mark Edward Smith/Photolibrary Group
S. 17 Gianni Giansanti
S. 18 Gianni Giansanti
S. 19 Livio Bourbon/Archivio White Star
S. 20-21 Gianni Giansanti
S. 23 Godong/Photolibrary Group
S. 24 Philippe Lissac/Godong
S. 24-25 Phillippe Lissac/Godong/Corbis
S. 26-27 Phillippe Lissac/Godong/Corbis
S. 28-29 Franco Barbagallo/Archivio White Star
S. 30-31 Jonkmanns/laif/Contrasto
S. 31 Jonkmanns/laif/Contrasto
S. 32 Cotton Coulson/National Geographic Stock
S. 33 Julian Kumar Godong/Corbis
S. 34-35 Carsten Koall/Getty Images
S. 36-37 Julian Kumar/Godong/Corbis
S. 38-39 Gianni Giansanti
S. 39 Gianni Giansanti
S. 40-41 Gianni Giansanti
S. 42-43 Alessandra Benedetti/Corbis
S. 43 Alessandro Bianchi/epa/Corbis
S. 45 Hervé Hughes/Photolibrary Group
S. 46 Miguel Vidal/Reuters/Contrasto
S. 47 Photononstop/Tips Images
S. 48-49 Photoservice Electa/AISA
S. 50 Lucas Vallecillos/Agefotostock/Marka
S. 50-51 Photoservice Electa/AISA
S. 52-53 Julio Donoso/Corbis Sygma/Corbis
S. 54-55 Antonio Attini/Archivio White Star
S. 56-57 Cristina Quicler/AFP/Getty Images
S. 58 C. Sappa/De Agostini Picture Library
S. 59 Patrick Ward/Corbis
S. 60 Antonio Attini/Archivio White Star
S. 61 Andrea Pistolesi/Getty Images
S. 62-63 Jose Fuste Raga/Photolibrary Group
S. 64 David Alan Harvey/Magnum Photos/Contrasto
S. 64-65 Huber/laif/Contrasto
S. 66 C. Sappa/De Agostini Picture Library
S. 66-67 C. Sappa/De Agostini Picture Library
S. 68 Aguililla & Marín/Photolibrary Group
S. 69 Taka/Photolibrary Group
S. 70-71 José Antonio Moreno/Agefotostock/Marka
S. 73 Alberto Pizzoli/Corbis Sygma/Corbis
S. 74 Jose Manuel Ribeiro/Reuters/Contrasto
S. 74-75 Paulo Cunha/epa/Corbis
S. 76-77 Gianni Giansanti
S. 78 Gianni Giansanti
S. 78-79 Paulo Novais/epa/Corbis
S. 80 Jose Manuel Ribeiro/Reuters/Contrasto
S. 80-81 Jose Manuel Ribeiro/Reuters/Contrasto
S. 83 Antonio Attini/Archivio White Star
S. 84 Marco Bergamaschi
S. 84-85 Marco Bergamaschi
S. 87 Federico Meneghetti/CuboImages
S. 88 Bruno Longarini
S. 88-89 Bruno Longarini
S. 90 Mit freundlicher Genehmigung des Archivio fotografico
dell'Associazione Comitato Pellegrinaggio a Loreto
S. 90 unten Daniele La Monaca/Tips Images
S. 91 Daniele La Monaca/Tips Images
S. 93 Eightfish/Getty Images
S. 94 Pier Paolo Cito/AP Photo/LaPresse
S. 94-95 Andrea Angelucci
S. 96 G. Cargagna/De Agostini Picture Library
S. 96-97 Andrea Angelucci
S. 98 Andrea Angelucci
S. 98-99 Andrea Angelucci
S. 100-101 Vincenzo Pinto/AFP/Getty Images
S. 102-103 Osservatore Romano/Reuters/Contrasto
S. 104-105 Stefano Dal Pozzolo/Contrasto
S. 105 Paolo Cocco/AFP/Getty Images
S. 106 P. Deliss/Godong/Corbis
S. 106-107 Alessandra Benedetti/Corbis
S. 108-109 Gianni Giansanti
S. 111 Stefano Dal Pozzolo/Contrasto
S. 112-113 Marco Merilini/LaPresse
S. 113 oben Stefano Dal Pozzolo/Contrasto
S. 113 unten Donato Fasano/AP Photo/LaPresse
S. 114 Marco Merilini/LaPresse
S. 114-115 Marco Merilini/LaPresse
S. 116-117 Wojtek Buss/De Agostini Picture Library
S. 118 Wojtek Buss/De Agostini Picture Library

S. 118-119 Wojtek Buss/De Agostini Picture Library
S. 120 Antoine Gyori/Sygma/Corbis
S. 120-121 Olivier Martel/Corbis
S. 122-123 Antoine Gyori/Sygma/Corbis
S. 124-125 Christopher Pillitz/Getty Images
S. 126-127 Gianni Giansanti
S. 127 Gianni Giansanti
S. 128 Reiner Riedler/Anzenberger/Contrasto
S. 129 Naftali Hilger/laif/Contrasto
S. 130-131 Oliver Bolch/Anzenberger/Contrasto
S. 131 Dimitar Dilkoff/AFP/Getty Images
S. 133 Fotobanka ČTK, René Fluger, mit freundlicher
Genehmigung des Klosters des Prager Jesulein
S. 134 Petr Josek Snr/Reuters/Contrasto
S. 134-135 isifa/Getty Images
S. 136-137 Amel Emric/AP Photo/LaPresse
S. 138 Damir Sagolj/Reuters/Contrasto
S. 139 Damir Sagolj/Reuters/Contrasto
S. 140 Zamur Art/Gamma/Eyedea Presse/Contrasto
S. 141 Damir Sagolj/Reuters/Contrasto
S. 143 Dragan Bosnic
S. 144-145 Dragan Bosnic
S. 145 Georg Knoll/Agentur Bilderberg/LaPresse
S. 146-147 Marcello Bertinetti/Archivio White Star
S. 148-149 Marcello Bertinetti/Archivio White Star
S. 149 oben Marcello Bertinetti/Archivio White Star
S. 149 unten Marcello Bertinetti/Archivio White Star
S. 150 Marcello Bertinetti/Archivio White Star
S. 151 Marcello Bertinetti/Archivio White Star
S. 152-153 Marcello Bertinetti/Archivio White Star
S. 153 oben Marcello Bertinetti/Archivio White Star
S. 153 unten Marcello Bertinetti/Archivio White Star
S. 154 Marcello Bertinetti/Archivio White Star
S. 154-155 Travis Dove/National Geographic Stock
S. 157 Gianni Giansanti
S. 158-159 Gianni Giansanti
S. 159 oben Sandro Vannini/De Agostini Picture Library
S. 159 unten Gianni Giansanti
S. 160-161 Gianni Giansanti
S. 162-163 Gianni Giansanti
S. 164-165 Alfio Garozzo/Archivio White Star
S. 167 Wojtek Buss/Agefotostock/Marka
S. 168 Wojtek Buss/Photolibrary Group
S. 168-169 Raphael Gaillarde/Gamma/Eyedea
Presse/Contrasto
S. 170-171 Ian Berry/Magnum Photos/Contrasto
S. 171 Raphael Gaillarde/Gamma/Eyedea
Presse/Contrasto
S. 173 Giulio Veggi/Archivio White Star
S. 174 Kenneth Garrett/National Geographic/Getty
Images
S. 174-175 Giulio Veggi/Archivio White Star
S. 176 Araldo De Luca/Archivio White Star
S. 177 Araldo De Luca/Archivio White Star
S. 178 Jeffrey L. Rotman/Corbis
S. 178-179 Antonio Attini/Archivio White Star
S. 181 Marcello Bertinetti/Archivio White Star
S. 182 oben Marcello Bertinetti/Archivio White Star
S. 182 unten Ariel Schalit/AP Photo/LaPresse
S. 183 Antonio Attini/Archivio White Star
S. 185 Marcello Libra/Archivio White Star
S. 186-187 Antonio Attini/Archivio White Star
S. 187 Antonio Attini/Archivio White Star
S. 188-189 Antonio Attini/Archivio White Star
S. 190 Marcello Bertinetti/Archivio White Star
S. 191 Marcello Bertinetti/Archivio White Star
S. 192-193 Gil Azouri/Getty Images
S. 193 Marcello Bertinetti/Archivio White Star
S. 194 Jim Hollander/Corbis
S. 194-195 Abir Sultan/epa/Corbis
S. 196 Pavel Wolberg/epa/Corbis
S. 197 Pavel Wolberg/epa/Corbis
S. 198 oben Gali Tibbon/AFP/Getty Images
S. 198 unten Gali Tibbon/AFP/Getty Images
S. 198-199 Gali Tibbon/AFP/Getty Images
S. 200-201 Pavel Wolberg/epa/Corbis
S. 203 PhotoserviceElecta/AKG Images
S. 204-205 Rina Castelnuovo/Redux/Contrasto
S. 206 Musa AL-Shaer/AFP/Getty Images
S. 206-207 Remi Benali/Corbis
S. 208-209 Rina Castelnuovo/Redux/Contrasto
S. 209 Nasser Shiyoukhi/AP Photo/LaPresse
S. 210-211 Abed AL Hashlamoun/epa/Corbis
S. 212-213 Musa AL-Shaer/AFP/Getty Images
S. 213 David Silverman/Getty Images
S. 214-215 Jtb Photo/Photolibrary Group
S. 216-217 Jtb Photo/Photolibrary Group
S. 217 Kazuyoshi Nomachi/Corbis

S. 218-219 Kazuyoshi Nomachi/Corbis
S. 220 Christophe Boisvieux/Corbis
S. 220-221 Earl & Nazima Kowall/Corbis
S. 222-223 Stefano Pensotti
S. 223 Kazuyoshi Nomachi/Corbis
S. 224 Kazuyoshi Nomachi/Corbis
S. 225 Kazuyoshi Nomachi/Corbis
S. 226-227 Stefano Pensotti
S. 228-229 Patrick Robert/Sygma/Corbis
S. 230-231 L. Romano/DeA/Getty Images
S. 231 Marc Deville/Gamma/Eyedea Presse/Contrasto
S. 232-233 L. Romano/De Agostini Picture Library
S. 234-235 Ann Johansson/Corbis
S. 236-237 Clemente Bernad/Contrasto
S. 238 Eduardo Verdugo/AP Photo/LaPresse
S. 239 Hector Vivas/Jam Media/LatinContent/Getty
Images
S. 240 Leonardo Díaz Romero/Photolibrary Group
S. 240-241 Jose Fuste Raga/Agefotostock/Marka
S. 242 Hector Vivas/Jam Media/LatinContent/Getty
Images
S. 242-243 Hector Vivas/Jam Media/LatinContent/Getty
Images
S. 244-245 Miquel Gonzalez/laif/Contrasto
S. 246-247 Chlaus Lotscher/Photolibrary Group
S. 248-249 Sergio Dorantes/Corbis
S. 250-251 Robert van der Hilst/Corbis
S. 253 Pilar Olivares/Reuters/Contrasto
S. 254 Pilar Olivares/Reuters/Contrasto
S. 254-255 Ana Cecilia Gonzales-Vigil/
Reuters/Contrasto
S. 256 Tono Labra/Photolibrary Group
S. 257 Martin Mejia/AP Photo/LaPresse
S. 259 Pablo Corral Vega/Corbi
S. 260 François Gohier/Hoa-qui/Eyedea
Illustration/Contrasto
S. 260-261 Bjorn Svensson/Agefotostock/Marka
S. 262-263 Pablo Corral Vega/Corbis
S. 265 Marcello Bertinetti/Archivio White Star
S. 266 Marcello Bertinetti/Archivio White Star
S. 266-267 Marcello Bertinetti/Archivio White Star
S. 268 Marcello Bertinetti/Archivio White Star
S. 268-269 Marcello Bertinetti/Archivio White Star
S. 270 oben Marcello Bertinetti/Archivio White Star
S. 270 unten Marcello Bertinetti/Archivio White Star
S. 271 Marcello Bertinetti/Archivio White Star
S. 273 Anders Ryman/Corbis
S. 274-275 Roberto Contini/Agefotostock/Marka
S. 275 Thierry Lauzun/Photolibrary Group
S. 276 Victor Ruiz C./AP Photo/LaPresse
S. 276-277 Christophe Boisvieux/Corbis
S. 278 Victor Ruiz C./AP Photo/LaPresse
S. 278-279 Dado Galdrieri/AP Photo/LaPresse
S. 280-281 C.J.M./Agefotostock/Marka
S. 282-283 Reuters/Contrasto
S. 283 Mauricio Lima/AFP/Getty Images
S. 284 Mauricio Lima/AFP/Getty Images
S. 284-285 Rodrigo Coca/FotoArena/LatinContent/
Getty Images

VMB Publishers®
ist eine eingetragene Marke von Edizioni White Star s.r.l.

© 2010 Edizioni White Star s.r.l.
Via Candido Sassone, 24
13100 Vercelli – Italien
www.whitestar.it

ISBN 978-88-540-1471-8
1 2 3 4 5 6   14 13 12 11 10

Übersetzung: Claudia Theis-Passaro
Produktion und Redaktion Deutschland: Grafikhaus, München

Gedruckt in Indonesien